스스로 생각하고 놀면서 공부하는
역사 워크북 **2**

한국사 편지
생각책
후삼국 시대부터
고려 시대까지

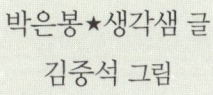

박은봉★생각샘 글
김중석 그림

책과함께어린이

박은봉 선생님의 이야기

《한국사 편지》 이후 오랜만에 어린이 독자들을 위해 돌아오신 박은봉 선생님을 만나 인터뷰를 했습니다.

어떻게 《한국사 편지》의 워크북을 펴내게 되셨나요?

《한국사 편지》 완간 직후부터 워크북을 만들자는 요청과 제안이 많았어요. 필요하다는 의견에 동의는 했지만 《한국사 편지》가 추구하는 바를 워크북에 잘 담아낼 수 있을지 확신이 서지 않았지요. 그러다 '생각샘'을 만나면서 가능성을 보았습니다. '아, 할 수 있겠구나!'

《한국사 편지 생각책》을 공동 집필하셨는데요. 선생님은 어떤 역할을 하셨나요?

《한국사 편지》가 무엇을 전달하려는지 지향점을 충분히 공유하는 게 가장 중요하다고 생각했어요. 그래서 본격적으로 집필하기 전에 수차례 모여서 《한국사 편지》를 놓고 의견을 나누었어요. 그 다음, 하나하나 문항을 만들고 선별하고 검토하고 수정하는 일련의 모든 과정을 함께했습니다.

요즘 역사 워크북이 많은데요. 《한국사 편지 생각책》만의 특징을 알 수 있는 문항을 꼽아 주신다면?

《한국사 편지 생각책》의 문제들은 단순 암기형의 문제가 아니에요. 사고력과 판단력을 기르고 자신의 가치관을 정립하는 것, 이것이 《한국사 편지》와 《한국사 편지 생각책》의 지향점이에요. 그래서 스스로 생각해 보기, 다양하게 생각해 보기, 자신만의 생각을 자유롭게 표현하기, 이런 문제들이 대부분입니다. 예를 들면, 2권 고려 시대의 '왕후장상의 씨가 따로 있나' 단원에서 '순정'이라는 인물이 되어 그 당시 순정이 어떤 마음이었을지 글로 써 보는 문항이 있어요. 이런 식의 접근은 분명한 차별점이라고 생각합니다. 인물 이름이나 사건, 연도를 외워서 답하는 게 아니라, 인간과 세계를 다양한 각도로 이해하고 복합적인 사고를 하게끔 이끌어 주니까요.

'생각하는 역사'를 문항으로 구현하려면 어려움이 많았겠네요. 그중에서도 특히 고민되셨던 점이 있나요?

사실 역사를 해석하는 데 있어서 단답형의 하나뿐인 정답은 없어요. 역사 자체가 다면 다층, 복합적이기 때문이죠. 그렇다면 어디까지를 정답으로 해야 할까 고민했습니다. 그래서 어린이들이 직접 작성한 답안들을 수록했어요. 실제 답안을 통해 정답의 범위와 적정한 가이드라인을 보여 주었지요. '아, 이런 것도 정답이 될 수 있겠구나!' 하고 역사적 시야가 확장되는 경험을 할 수 있을 것입니다.

어린이들이 실제로 참여했다는 점이 무척 돋보이네요. 앞으로 《한국사 편지 생각책》을 볼 독자들에게 한 말씀 해 주세요.

정답을 맞히려고만 하지 말고 자유롭게 생각해 보세요. 엉뚱한 질문, 튀는 생각 다 괜찮습니다. 역사 공부가 재미있어질 거예요. 그리고 지도하는 부모님이나 선생님들은 조급해 하지 말고 기다려 주세요. 어린이의 생각을 존중하고 대화를 나누어 보세요. 《한국사 편지 생각책》이 길잡이가 되어 줄 겁니다.

생각샘 선생님들의 이야기
정답과 오답을 가려내는 역사가 아닌 스스로 생각하고 문제를 찾아가는 역사

"시중엔 아이들이랑 재미있고 쉽게 공부할 만한 역사 워크북이 없어요."
"내용 확인, 단답형 역사 워크북은 문제집이랑 다를 게 없죠."
어린이 역사 논술에 대해 상의하던 중 생각샘들은 이런 고민에 빠졌습니다.
"우리 그동안 독서 활동지 만들고 공부했던 노하우로 역사 워크북 하나 만듭시다!"
"그래요. 우리 정도 내공이라면 뭔가 다른 워크북을 만들 수 있을 거예요."
"우리끼리 만들고 수업하는 것으로 끝내지 말고 출판을 해 보는 건 어때요?"
생각샘들은 내용이 알차고 가장 널리 알려진 어린이 역사책으로 제대로 된 워크북을 만들어 보자는 결론을 내리고, 《한국사 편지》를 기본 책으로 정했습니다. 엄마가 들려주는 한국사라는 형식의 《한국사 편지》가 옛이야기 듣듯 재밌고 쉽게 공부하자는 생각샘의 역사 공부 방향과 딱 맞았기 때문입니다. 또 직접 수업하며 워크북을 만들어 본 책이기에 가장 잘할 수 있는 책이기도 했습니다.
그렇게 생각샘들은 겁도 없이 역사 워크북을 만들어 보자며 의기투합을 했답니다.
생각샘이 만들고자 하는 워크북의 방향을 정하고 제안서와 워크북 샘플을 만들어 출판사에 보내기까지 수개월이 걸렸습니다. 출판을 위한 실제 작업이 진행되고 박은봉 선생님과 토론을 하며 새로운 역사 워크북을 위한 고민을 할수록 처음의 패기는 사라지고 '이거 정말 할 수 있을까?'라는 불안감이 커지기도 했답니다.
수많은 자료와 씨름하고, 치열했던 토의와 아이들의 피드백을 거치며 불안감은 할 수 있다는 열정과 자신감으로 변했습니다. 그리고 드디어 현장에서 생각샘들이 직접 겪고 고민한 노하우가 담긴, 어린이들의 생생한 이야기가 함께한, 어디에도 없던 역사 워크북이 세상에 선을 보이게 되었습니다.
생각샘들이 갖고 있던 역사 공부에 대한 새로운 생각이 우리만의 생각이 아니었음을 인정받는 것 같아 가슴이 뜁니다.
"역사가 이렇게 재미있는 줄 몰랐어요!"
"옛날 사람들은 다 원시인들처럼 살았을 줄 알았는데 우리만큼 똑똑했네요!"
"박물관에 가서 직접 보고 싶어요!"
《한국사 편지 생각책》 집필에 참여한 어린이들은 점차 역사에 재미를 느꼈고, 질문하고 탐구하는 자세로 바뀌었습니다. 역사에 대한 관심과 이해의 중요성이 새삼 강조되는 요즘, 더 많은 어린이들이 이러한 변화를 경험했으면 합니다.

생각샘 대표 필자 이진희

이런 점이 특별해요!

《한국사 편지 생각책》은 《한국사 편지》를 기본 책으로 삼아 어린이들이 한국사를 보다 깊이 이해하고 다양한 생각을 펼칠 수 있게 돕는 워크북입니다.

외우는 역사가 아닌 느끼고 생각하는 역사를 구현

《한국사 편지 생각책》은 사건, 연도, 인물 이름을 얼마나 많이 외우고 있는지 시험하지 않습니다. 단편적인 암기식 학습을 지양하고 역사의 재미와 의미를 어린이 스스로 자연스럽게 체득할 수 있도록 이끌어 줍니다.

학습과 놀이가 균형 있게 통합된 워크북

《한국사 편지》에서 만난 역사 이야기를 토대로 풍부한 사진과 지도, 그림 등 다양한 자료를 활용하여 추론, 상상, 스토리텔링, 놀이를 함으로써 역사를 재미있고 생생하게 느끼고 생각하게 해 줍니다.

《한국사 편지》 저자와 공동 작업

《한국사 편지》 저자가 직접 참여해서 만든 유일한 워크북입니다. 《한국사 편지 생각책》의 모든 문제와 활동은 《한국사 편지》 저자 박은봉과 생각샘 선생님들이 함께 토론하여 만든 것입니다.

어린이 논술, 역사 지도를 하고 있는 선생님들의 현장 노하우

수년간 어린이들에게 역사·논술을 지도해 온 선생님들의 풍부한 경험이 응축되어 있습니다. 어린이들의 감성, 사고방식, 교육적 효과 등에 대한 축적된 노하우가 오롯이 담겨 있습니다.

필요한 활동 자료들을 한 권에 모두 수록

《한국사 편지 생각책》에는 만들기, 그리기, 게임하기, 스티커 붙이기 등 다양한 놀이 활동이 들어 있습니다. 그와 같은 활동에 필요한 자료를 한 권에 모두 수록해 놓았으므로 매우 편리합니다.

어린이들이 직접 참여한 현장감 넘치는 문항과 답안

모든 문항과 답안은 생각샘 선생님들과 함께 공부한 어린이들의 반응과 답변을 충실히 반영해서 만들었습니다. 초등학교 3학년부터 6학년에 이르는 어린이들과 직접 역사 수업을 하면서 실제 의견을 보고 들으며 질문의 눈높이나 단계의 구성을 조율하였고, 지침서를 구성하였습니다. 글쓰기와 만들기, 그림 그리기 등에서 발현된 아이들의 개성 있는 작품도 지침서에서 확인할 수 있습니다.

부모님과 선생님을 위한 꼼꼼한 지침서

지침서의 모든 답안은 《한국사 편지》의 내용과 어린이들의 실제 답안을 바탕으로 꼼꼼하게 정리해 만들었습니다. 어린이들의 창의적인 생각들을 폭넓게 실은 지침서는 자유롭게 문제를 풀고 생각하게 하되 답안의 적정한 범위를 어디까지로 보아야 할지 고민스러울 때, 부모님과 선생님을 위한 친절한 나침반이 되어 줍니다.

《한국사 편지 생각책》을 먼저 만나 본 친구들을 소개합니다!

(한내초5 배성빈)

안녕~ 나는 배성빈이야. 처음《한국사 편지》로 역사 수업을 한다고 했을 때, 지루하고 재미없을 것 같았는데, 공부하면서 모르던 역사도 자세히 알게 되고 역사에 호기심도 생겼어. 난 역사를 제일 싫어했는데 지금은 역사가 재미있어. 나는 농구를 잘하고 학교에서도 인기가 많아서 친구가 많아. 너도 나랑 친구 할래?

난 도자기 만드는 것을 좋아해. 내 꿈은 도예가거든. 그런데 또 좋아하게 된 게 있어. 그건 바로 '역사'야. 난 원래 역사를 싫어했지만, 친구들과 《한국사 편지》와《한국사 편지 생각책》으로 역사를 배우면서 역사가 좋아졌어. 우리 선생님 말씀이, 역사는 외우는 게 아니고 시대를 이해하는 거래. 처음에는 그 말이 무슨 말인지 몰랐는데 이제는 자연스럽게 알게 되었어. 이 책을 공부하면서 많은 친구가 역사를 좋아했으면 좋겠어.

(대화초4 남윤지)

(대화초5 오진석)

난 로봇 과학자가 되고 싶어. 로봇에 프로그램을 입력하고 움직이게 하는 것이 재미있고 신기하기 때문이야. 내가 원하는 대로 로봇을 움직이게 하려면 생각을 많이 해야 하거든? 그런데 역사도 마찬가지더라. 역사적인 사건이나 인물, 상황에 대해 생각을 하게 되면 저절로 실마리가 풀리더라고. 내가 이 책을 만드는 데 보탬이 되는 수많은 사람 중의 한 명이 되어서 기뻐.

안녕? 나는 얼마 전까지 내 삶 중에서 책 읽기와 글쓰기를 정말 싫어했어. 그래서 역사책을 읽는 것도 좋아하지 않았어. 그런데 '생각샘'이랑 공부하면서 책 읽기도 글쓰기도, 역사도 재미있어지더라. 요즘은 역사가 정말 좋아서 친구들과 놀 때도 역사 얘기를 해. 사회 시간에 질문도 발표도 많이 하고. 아이들이 나보고 똑똑하다고 해서 기분 좋아.

(일월초4 공윤배)

(일월초4 이현아)

안녕! 나는 이현아야. 나는 호기심 대장이야. 수업 시간에 질문을 너무 많이 해서 선생님이 힘들다고 하실 정도야. 나는 역사가 참 재미있어. 내가 읽어 본 전래동화 중 최고 재미있는 동화인 것 같아. 한 나라의 건국과 발전, 멸망까지의 이야기는 흥미, 그 자체거든. 이 책을 보는 친구들이 나처럼 역사에 흥미를 느꼈으면 좋겠어.

난 책 읽는 건 좋아하지만 역사책은 별로 좋아하지 않았어. 어려운 말들이 많이 나오거든. 그런데《한국사 편지》와《한국사 편지 생각책》을 읽고 공부하니 점점 쉬워지더라. 생각을 자꾸 하다 보니까 머리도 좋아진 것 같아. 요즘은 선생님한테 답사 가자고 조르고 있어. 직접 보고, 설명도 들으면 역사가 더 재미있어지겠지?

(송림초4 성동진)

여기 소개된 친구들 외에 김병철, 임도윤, 장영우, 장유준, 정단, 정솔, 최서영, 추민재 어린이도 참여했습니다.

이렇게 구성했어요!

프롤로그

그림 또는 간단한 글로 단원의 주제를 한눈에 보여 줍니다.
친구나 가족, 선생님과 함께 살펴보고 앞으로 생각하게 될
주제에 관해 이야기를 나눠 보세요.

생각 한 걸음

해당 단원의 핵심 내용을 충분히 숙지하고 있는지 간단히
되짚어 보고 점검하는 단계입니다. 《한국사 편지》를 읽어
보았거나 한국사를 공부하는 친구들이라면 쉽게 대답할
수 있는 간단한 질문들입니다.

생각 두 걸음

유물과 유적, 지도 등 구체적인 시각 자료를 보며 역사를 입체적으로
이해하는 단계입니다. 지도를 활용해서 지리적인 위치를 파악하거나
유물과 유적을 살펴보며 그 시대의 상황을 유추해 볼 수 있습니다.

깊이 생각하기

역사적 사실에 대해 스스로 생각해 보는 단계입니다. 특정 시대의
사건, 제도, 상황을 살피며 앞뒤의 인과관계를 파악하고, 자신의
이야기로 재해석해 보기도 합니다.

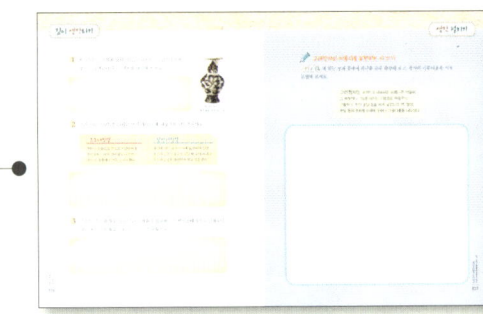

생각 펼치기

역사적 사실에 대한 자신의 생각을 다양한 방식의 글로 써 보는 스토리텔링
단계입니다. 역사적 사실을 한 번 더 살피며 자신의 생각을 일기, 인터뷰,
편지, 시, 만화, 설명문, 논설문 등으로 정리해 표현해 봅니다.

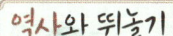

역사와 뛰놀기

다양한 활동과 놀이를 통해 역사 인식을 체화하는 단계입니다.
만들기와 그리기, 보드게임 등 흥미진진한 놀이가 기다리고 있습니다.

역사 공감하기

사고력과 공감력을 확장시키는 단계입니다.
가벼운 마음으로 읽어 보면서 단원을 마무리하고
과거, 현재, 미래를 생각해 봅니다.

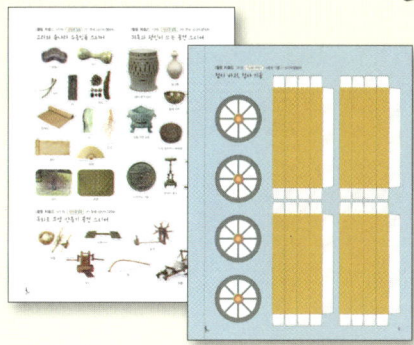

활동 자료

각 단원에 필요한 자료입니다.
해당 자료의 번호와 페이지를
확인해서 바로 오려 활용하세요.

지침서

어떤 답변이 나올 수 있는지 확인할 수 있는 지침서입니다.
책의 맨 뒤에 있으니 필요에 따라 분리해서 사용할 수 있습니다.

이렇게 활용해 보세요!

어린이들에게

- 《한국사 편지 생각책》은 《한국사 편지》를 옆에 놓고 함께 보면서 진행하면 더 쉽고 재미있어요.
- 《한국사 편지 생각책》을 시작하기 전에 먼저 《한국사 편지》의 해당 단원을 읽으세요.
- 색칠하거나 만드는 활동들이 있으므로 가까운 곳에 색연필, 사인펜, 가위, 풀 등을 준비해 주세요. 다양한 활동 자료는 혼자서도 활용할 수 있지만 친구나 가족과 함께 해도 재미있습니다.
- 지침서에는 《한국사 편지 생각책》을 먼저 공부한 어린이들의 다양한 답이 실려 있습니다. 문제를 푼 뒤 다른 어린이들의 생각을 살펴보는 것도 재미있습니다.

부모님과 선생님에게

- 부모님 또는 선생님이 어린이와 함께 《한국사 편지 생각책》을 읽으며 서로의 생각을 나눠 보세요. 역사적 사건이나 시대를 상상해 보는 질문은 정해진 답이 없을 수 있어요. 어린이들이 풍부한 상상력으로 다양하게 답할 수 있도록 유도해 주세요.
- 한 번에 너무 많은 양을 하다 보면 지치고 흥미가 떨어질 수 있어요. 어린이가 즐겁게 활동할 수 있는 범위 내에서 수업을 진행해 주세요.
- 지침서에는 각 단원의 학습목표를 표시했으니 지도시 참고해 주세요.

차례

머리말 박은봉 선생님의 이야기
       생각샘 선생님들의 이야기
이런 점이 특별해요!
이렇게 구성했어요!

04
거란과의 30년 전쟁   040
- 생각 펼치기 강감찬 장군의 장계 쓰기
- 역사와 뛰놀기 전투 기록화 그리기

01
흔들리는 신라와
후삼국 시대   010
- 생각 펼치기 후삼국 마인드맵 만들기
- 역사와 뛰놀기 청해진 깃발 만들기

05
국제 무역항 벽란도와 코리아   050
- 생각 펼치기 인삼 광고지 만들기
- 역사와 뛰놀기 재래시장 둘러보기

02
왕건과 후삼국 통일   020
- 생각 펼치기 왕건의 연설문 쓰기
- 역사와 뛰놀기 가이드북 만들기

06
불교의 나라, 고려   060
- 생각 펼치기 은진미륵 묘사하는 글쓰기
- 역사와 뛰놀기 단청 꾸미기

03
문벌 귀족의 나라, 고려   030
- 생각 펼치기 사료 해석하기
- 역사와 뛰놀기 사륜정 만들기

07
고려 사람들은
어떻게 살았을까?   070
- 생각 펼치기 김고려 씨의 유언장 쓰기
- 역사와 뛰놀기 향낭 접기

08
무신들의 세상　080
- 생각 펼치기　'무신들의 세상'으로 육행시 쓰기
- 역사와 뛰놀기　고려 시대 방패 꾸미기

09
왕후장상의 씨가 따로 있나?　090
- 생각 펼치기　순정의 일기 쓰기
- 역사와 뛰놀기　가로세로 낱말 퀴즈

10
농민과 천민들이 몽골과 싸우다　100
- 생각 펼치기　충주성 전투 독려하는 글쓰기
- 역사와 뛰놀기　스피드 퀴즈하기

11
고려 사람들의 마음이 담긴 팔만대장경과 상감 청자　110
- 생각 펼치기　고려청자의 아름다움 표현하는 시 쓰기
- 역사와 뛰놀기　도장 만들기

12
《삼국사기》와 《삼국유사》, 두 역사책에 담긴 서로 다른 뜻　120
- 생각 펼치기　나의 역사적 사건 써 보기
- 역사와 뛰놀기　역사책 표지 꾸미기

13
공민왕의 개혁 정치　130
- 생각 펼치기　공민왕의 편지 쓰기
- 역사와 뛰놀기　타래과 만들기

14
목화씨와 화약　140
- 생각 펼치기　고려 가요 써 보기
- 역사와 뛰놀기　색종이로 옷감 짜기

활동 자료

책 속 별책　지침서

01 흔들리는 신라와 후삼국 시대

생각 한 걸음

1 천년의 역사를 자랑하던 신라가 흔들리게 된 이유는 무엇인가요?

2 신라 말기에 한 지방을 실제로 다스릴 만큼 세력이 커진 사람들을 무엇이라고 부르나요?

3 견훤이 완산주를 수도로 삼고 세운 나라의 이름은 무엇인가요?

4 옛 고구려 땅인 철원에 후고구려를 세운 사람은 누구인가요?

5 후백제, 후고구려, 신라가 치열하게 경쟁하던 시대를 무엇이라고 하나요?

6 청해진을 설치하고, 당나라 해적을 물리친 사람은 누구인가요?

2 다음 내용을 보고 신라 말기 지배층과 백성의 생활이 어떻게 달랐는지 이야기해 보세요.

왕과 귀족들이 사용하던 사치품

동남아시아에서 잡히는 거북의 등껍질로 만든 빗

사리를 담은 유리병과 잔

금 장신구

흥덕왕 9년(834년) 사치 금지령 발표

요사이 풍속이 점점 나빠져 백성이 사치를 경쟁하며, 다만 신기하고 귀한 다른 나라 물건만 좋아하고 신라에서 만든 물건은 좋지 않게 여긴다. 생활과 예절이 분수에 맞지 않아 풍속이 무너지게 되었다. (하략)
_《삼국사기》 권 제33 잡지 제2 '색복'에 실린 기록

신라 전성기 수도 금성(지금의 경주)에는 금입택(매우 부유한 큰 저택)이 35채 있었다.
_《삼국유사》 기이 권 제1 '진한'에 실린 기록

지은은 눈먼 어머니를 모시고 살았는데, 먹을 것을 구하기 힘들어지자 스스로 남의 종이 되었다. 이것을 알게 된 어머니는 딸과 함께 슬피 울었다.
_《삼국사기》 권 제48 열전 제8 '효녀 지은'에 실린 기록

이보다 더 나쁜 것이 없었고 굶어 죽고 싸우다 죽은 시체가 들판에 즐비하였다.
_최치원의 〈묘길상탑기〉

해인사 묘길상탑과 묘길상탑 안에서 발견된 글(묘길상탑기)

깊이 생각하기

1 신라 말기에 농민 봉기가 여러 차례 일어나게 된 이유는 무엇일까요?

원종과 애노의 봉기
889년(진성 여왕 3년) 신라 사벌주(지금의 경상북도 상주)에서 일어난 농민 봉기. 흉년이 심해져 백성들이 세금을 내기 힘든 상황 속에서 왕실의 독촉이 심해지자 이에 반발하여 일으킨 농민 봉기. 세력이 너무 커 중앙 정부가 막을 수 없었다.

붉은 바지 농민군
896년(진성 여왕 10년) 신라 서남 해안 지방에서 일어나 수도 금성(지금의 경주)까지 위협했던 농민 봉기. 이들은 모두 붉은색 바지를 입고 있어서 사람들이 적고적이라고 불렀다.

2 신라 말기 호족은 새로운 지배층으로 성장했습니다. 호족의 세력이 커지면서 왕, 호족, 백성에게 각각 어떤 변화가 있었을까요?

> 호족들은 수도에서 멀리 떨어진 지방에서 장군, 성주를 자처하며 세력을 키웠다. 그들은 주로 그 지역 세력가이거나 신라 중앙 정치에서 밀려난 귀족, 해상 세력가, 지방 군사 세력가들이었다. 호족들은 자기 지방을 실제로 지배하며 백성들로부터 직접 세금을 거둬들이고 군대를 모았다. 대표적인 호족으로는 견훤, 궁예, 왕건 등이 있다.

3 견훤과 궁예는 왜 나라 이름을 후백제와 후고구려라고 했을까요?

생각 펼치기

 후삼국 마인드맵 만들기

후삼국 시대로 마인드맵을 만들어 보세요. 그리고 마인드맵에 쓴 단어들을 이용해 후삼국 시대를 설명하는 글을 써 보세요.

역사와 뛰놀기

청해진 깃발 만들기

장보고가 이끌었던 청해진을 상징하는 깃발을 만들어 보세요.

준비물
색연필, 사인펜, 가위, 수수깡 1개, 셀로판테이프

만드는 방법
1. [활동 자료4]의 깃발 본을 오려 내어 꾸며 보세요.
2. 빗금 친 부분에 수수깡을 놓고 말아서 셀로판테이프로 붙여 깃발을 완성하세요.

완도 청해진. 청해진은 군사 기지였을 뿐 아니라 무역 기지이기도 했다.

옛날 깃발에는 용, 호랑이, 사신도, 말, 해와 달, 별, 자연, 신선 그림을 주로 사용했어요.

〈척경입비도〉 중 일부. 고려 시대 여진을 정벌하고 얻은 땅에 비석을 세우는 모습을 조선 시대에 그림으로 표현한 것.

《고려도경》에 기록된 내용을 바탕으로 재현한
고려 시대의 군기

바다를 나는 말을 그린 해마기

코끼리를 그린 상기

매를 그린 응준기

전쟁기념관 소장

역사 공감하기

장보고의 어린 시절 이름은 궁복이었어. '활을 잘 쏘는 사람'이란 뜻이지. 고구려의 시조 주몽의 이름도 '활 잘 쏘는 사람'이라는 뜻이었던 거 기억나니? 옛날에 활을 잘 쏘는 사람은 사냥감을 많이 잡을 수 있었고, 전쟁터에서 큰 공을 세워 높은 벼슬도 할 수 있었을 거야. 그러니 젊은 이들에게 활쏘기는 꼭 익혀야 할 기술이었겠지? 그런데 화약 무기 같은 신무기가 등장하면서 활쏘기는 차츰 무예와 놀이로 변화하게 되었어.

올림픽 때마다 우리에게 매번 금메달을 안겨 주는 운동 종목이 있어. 양궁이란 종목이야. 양궁은 서양에서 들어온 활쏘기라는 뜻이란다. 우리의 전통적인 활쏘기는 국궁이라고 불러. 양궁과 국궁은 조금 다르긴 하지만 활을 사용한다는 점은 같아.

그리고 보면 주몽과 궁복의 후예들인 우리나라 선수들이 활을 잘 쏘는 건 당연한 일 아닐까? 우리의 전통인 국궁이 아니고 양궁이라는 점이 아쉽긴 하지만 말이야.

02 왕건과 후삼국 통일

태조 왕건 진화 카드

기본 송악 호족 왕건

★
경험치 10

- 강력한 해군력과 재력
  송악에서 강화도까지 세력을 넓힌 해상 무역
- 약점 아직 어림

진화1 궁예의 부하 왕건

★★
경험치 100

- 지혜와 이해심을 갖춘 리더
  궁예의 장군이 되어 후고구려의 세력 확장
- 약점 왕건의 세력이 커지자 궁예가 견제함

진화2 후고구려의 왕 왕건

★★★
경험치 250

- 국력을 키워라
- 민심과 나라의 기강을 세우며 기회를 봄
- 약점 후백제에게 여러 번 패함

최종진화 고려 태조 왕건

★★★★
만렙

- 강력한 왕권
- 후삼국 시대를 통일함, 호족 세력을 누르고 왕권 강화
- 약점 부인과 자식이 너무 많음
  주변에 강대국이 있음

생각 한 걸음

1 후고구려는 도읍을 여러 번 옮겼습니다. 도읍의 이름을 순서대로 써 보세요.

2 궁예에 반대했던 후고구려의 신하들이 궁예를 쫓아낸 후, 왕으로 세운 사람은 누구인가요?

3 견훤이 왕건에게 크게 패하면서, 연전연승하던 후백제의 전세가 뒤바뀐 전투는 무엇인가요?

4 견훤을 금산사에 가두고 후백제의 왕이 된 사람은 누구인가요?

5 왕건에게 나라를 바친 신라의 마지막 왕은 누구인가요?

6 태조 왕건은 왜 발해 유민을 받아들였나요?

생각 두걸음

1 다음 장소에서 궁예와 견훤이 어떤 생각을 했을지 상상해서 써 보세요.

궁예가 신라 왕의 초상을 칼로 베었다고 전해지는 부석사

견훤이 신검을 지지하는 세력에 의해 갇혔던 금산사

2 다음은 태조와 결혼한 부인의 출신지를 나타낸 지도입니다.

❶ 지도와 표를 보고 알 수 있는 것을 자유롭게 이야기해 보세요.
❷ 태조 왕건이 결혼을 여러 번 한 이유는 무엇일까요?

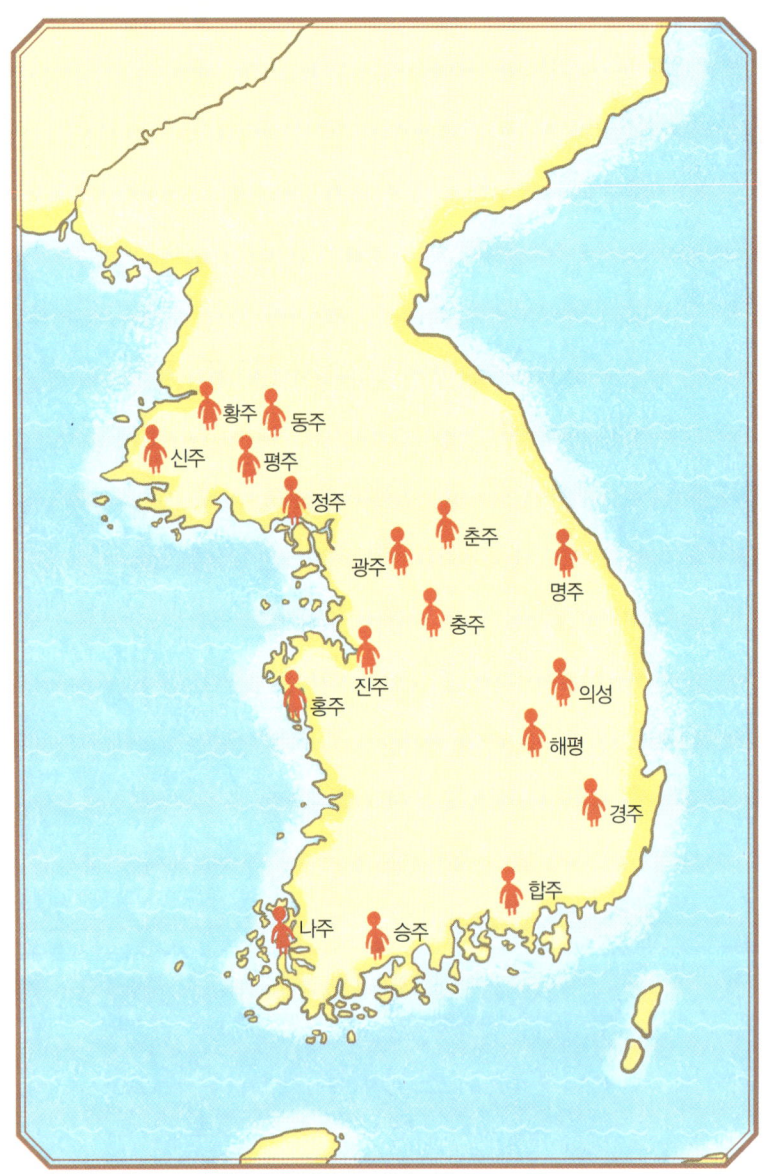

	태조의 부인	출신지 당시 지명	출신지 현재 지명
1	신혜왕후 유씨	정주	개성직할시 개풍
2	장화왕후 오씨	나주	전남 나주
3	신명왕후 유씨	충주	충북 충주
4	신정왕후 황보씨	황주	황해도 황주
5	신성왕후 김씨	경주	경북 경주
6	정덕왕후 유씨	정주	개성직할시 개풍
7	헌목대부인 평씨	경주	경북 경주
8	정목부인 왕씨	명주	강원도 강릉
9	동양원부인 유씨	평주	황해도 평산
10	숙목부인	진주	충북 진천
11	천안부원부인 임씨	경주	경북 경주
12	흥복원부인 홍씨	홍주	충남 홍성
13	후대량원부인 이씨	합주	경남 합천
14	대명주원부인 왕씨	명주	강원도 강릉
15	광주원부인 왕씨	광주	경기도 하남
16	소광주원부인 왕씨	광주	경기도 하남
17	동산원부인 박씨	승주	전남 순천
18	예화부인 왕씨	춘주	강원도 춘천
19	대서원부인 김씨	동주	황해도 서흥
20	소서원부인 김씨	동주	황해도 서흥
21	서전원부인	?	?
22	신주원부인 강씨	신주	황해도 신천
23	월화원부인	?	?
24	소황주원부인	?	?
25	성무부인 박씨	평주	황해도 평산
26	의성부원부인 홍씨	의성	경북 의성
27	월경원부인 박씨	평주	황해도 평산
28	몽량원부인 박씨	평주	황해도 평산
29	해량원부인	해평	경북 구미

깊이 생각하기

1 후고구려의 왕이었던 궁예는 왜 왕의 자리에서 쫓겨났을까요?

2 천 년 가까이 유지되었던 신라와 강력했던 후백제가 무너진 이유를 이야기해 보세요.

- 신라의 경순왕은 935년 11월 고려에 스스로 항복했다.
- 후백제는 936년 왕건의 공격을 받아 크게 패했다. 쫓기던 신검은 황산에서 왕건에게 항복했다.

3 왕건은 왕권을 강화하기 위해 여러 가지 정책을 펼쳤습니다. 다음 중 어떤 정책이 가장 큰 도움을 주었을지 고르고, 그 이유를 이야기해 보세요.

결혼 정책 호족의 딸들과 결혼을 하여 친척 관계를 맺었다.

근친혼 왕족들은 친척이나 이복남매와 결혼했다.

사성 제도 투항해 오는 호족들에게 '왕'씨 성을 주고 최고의 예의로 대접해 주었다.

기인 제도 호족들의 아들을 인질로 수도에 와서 살게 했다.

생각 펼치기

왕건의 연설문 쓰기

왕건은 고려의 첫 번째 왕이 되었습니다. 즉위식에서 백성들에게 전할 연설문을 상상해서 써 보세요.

역사와 뛰놀기

가이드북 만들기

다음은 후삼국 시대와 관련된 유적지들입니다. 답사 여행을 간다고 생각하고 어떤 곳으로 가고 싶은지 계획을 세워 보세요. 그리고 나만의 가이드북을 만들어 보세요.

준비물
A4 크기의 색지, 풀, 가위

방법
1. A4 크기의 색지를 이용해서 책 모양을 만드세요.
2. 지도에 표시된 유적지들을 보고, 가고 싶은 곳을 선택하세요.(가까운 지역에 있는 유적지를 묶어서 답사하는 것이 좋아요.)
3. 가이드북의 표지를 꾸미고, 다음 장에 답사 코스를 써 보세요.
4. [활동 자료5]의 유적지 안내문을 오려서 가이드북에 붙이세요.

★실제 답사 여행을 갈 때, 가이드북을 가지고 가서 활용하세요.

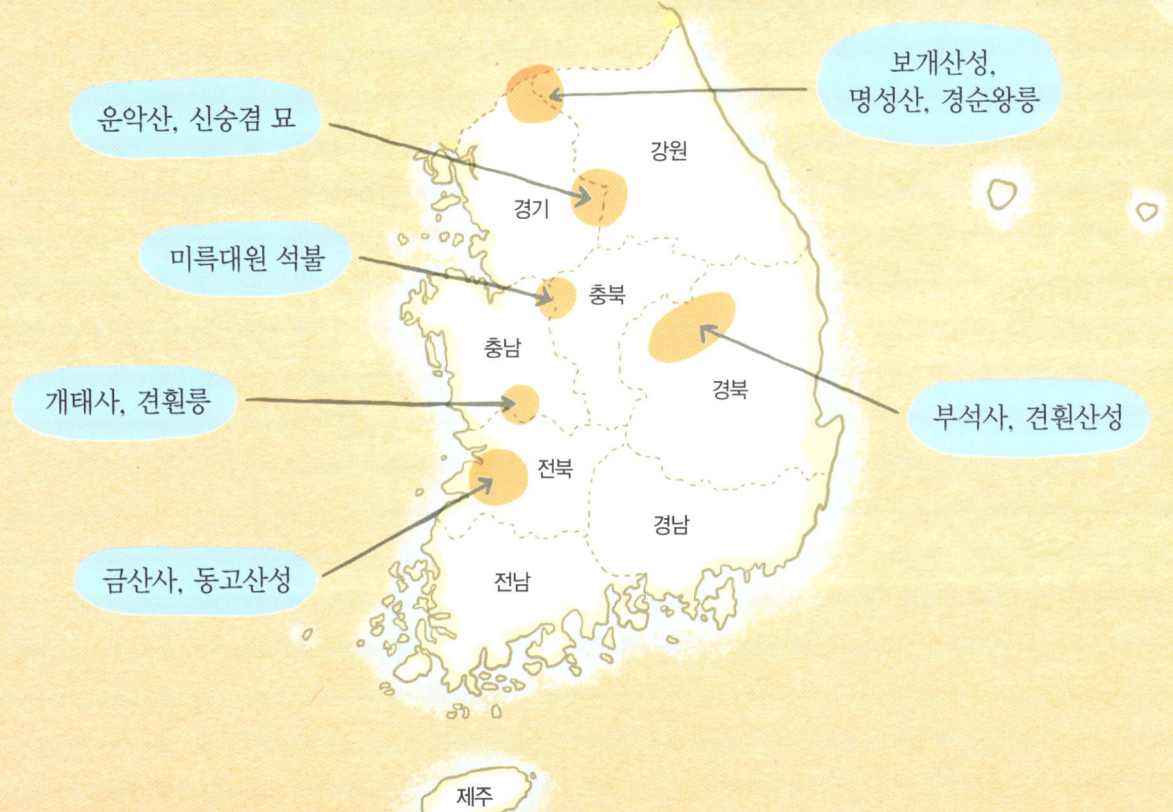

- 보개산성, 명성산, 경순왕릉
- 운악산, 신숭겸 묘
- 미륵대원 석불
- 개태사, 견훤릉
- 부석사, 견훤산성
- 금산사, 동고산성

책 만드는 방법

① 종이를 가로로 2등분, 세로로 4등분이 되게 접어 주세요.

② 가로 중앙선 2칸을 연필로 그으세요.

③ 종이를 세로로 놓고 반으로 접은 상태에서 가위로 선을 따라 자르세요.

④ 자른 모습

⑤ ④에서 오른쪽, 왼쪽을 잘라진 종이의 반대쪽으로 반을 접어 세우세요.

⑥ 책처럼 한 장씩 넘어가도록 정리하면 완성

역사 공감하기

명당이라는 말 들어 봤니? 옛사람들은 땅에도 기운이 있다고 믿었어. 그래서 좋은 기운이 흐르는 땅에 집을 지으면 그 집에 사는 사람이 건강하고, 하는 일마다 잘된다고 생각했지. 좋은 기운이 흐르는 땅, 바로 그것을 명당이라고 했단다. 후삼국 시대의 삼인방 왕건, 궁예, 견훤도 명당에 아주 관심이 많았다고 해. 그야 당연히 좋은 땅을 골라 수도로 삼고 자신이 세운 나라가 발전하기를 바라는 마음 때문이었겠지. 현대인들도 명당을 믿을까? 요즘도 집을 짓거나 조상의 묘를 만들 때 명당을 찾는 사람들이 꽤 많단다. 그런데 중요한 것은 자연과 사람의 조화라고 생각되는구나. 사람이 사용하기 위해 지은 건물이 자연을 해치지 않고 또 내가 사는 모습이 주변과 조화를 이룰 때, 거기가 명당 아닐까?

03
문벌 귀족의 나라, 고려

	성 명	김문벌
	본 관	경주 김씨
조상의 관직 사항	4대 조상	종5품의 문반품계인 조청대부를 지내셨음.
	3대 조상	국자감에 소속된 종9품 직학으로 근무하심.
	2대 조상	전중성에 소속된 종6품 내급사로 근무하심.
	1대 조상	경주에서 7품 감독관 감무를 지내셨음.
자기소개	저는 경주에서 태어난 경주 김씨 ○대손 김문벌이라 합니다. 저희 조상님들께서는 대대로 9품 이상의 관직에 계셨으며 고려의 발전에 이바지하셨습니다. 저도 조상님들의 뜻을 이어받아 청렴하고 지혜로운 관리가 되겠습니다. 잘 부탁합니다.	

위 기재 사항 중 사실과 다른 내용에 대한 모든 책임은 본인에게 있음을 확인합니다.

978년 3월 5일

작성자 : 김 문 벌

우와! 김문벌님은 집안 한번 대단하네!
나는 훌륭한 조상님이 한 분도
안 계셔서 관리가 될 자격이 안 되니
과거 시험이 있으나마나네.

생각 한 걸음

1 노비안검법과 과거 제도를 실시한 고려의 왕은 누구인가요?

2 노비안검법에 대해 설명해 보세요.

3 고려 시대에는 관리들에게 벼슬의 높낮이에 따라 토지를 나눠 주었습니다. 이때 토지를 받은 관리가 자신이 받은 토지에서 나는 생산물을 가질 권리를 무엇이라고 하나요?

4 나라에 공을 세운 신하나 높은 관리에게 특별히 주는 토지를 무엇이라고 하나요?

5 경원 이씨, 경주 김씨, 파평 윤씨 등 특정 집안으로 고려 사회를 좌지우지했던 지배층을 무엇이라고 하나요?

6 고려 시대에는 농민을 무엇이라고 불렀나요?

생각 두걸음

1 다음은 고려의 5도 양계 12목을 나타낸 지도입니다.

❶ 5도를 노란색으로 색칠하고, 양계를 초록색으로 색칠하세요.
❷ 고려의 수도를 찾아 파란색으로 동그라미 하세요.
❸ 양계의 위치를 참고해서 양계를 만든 이유를 이야기해 보세요.

2 다음은 고려 시대 문벌 귀족들이 꿈꾸었던 생활을 그린 그림입니다. 그림을 보고 문벌 귀족들은 어떤 생활을 꿈꾸었을지 이야기해 보세요.

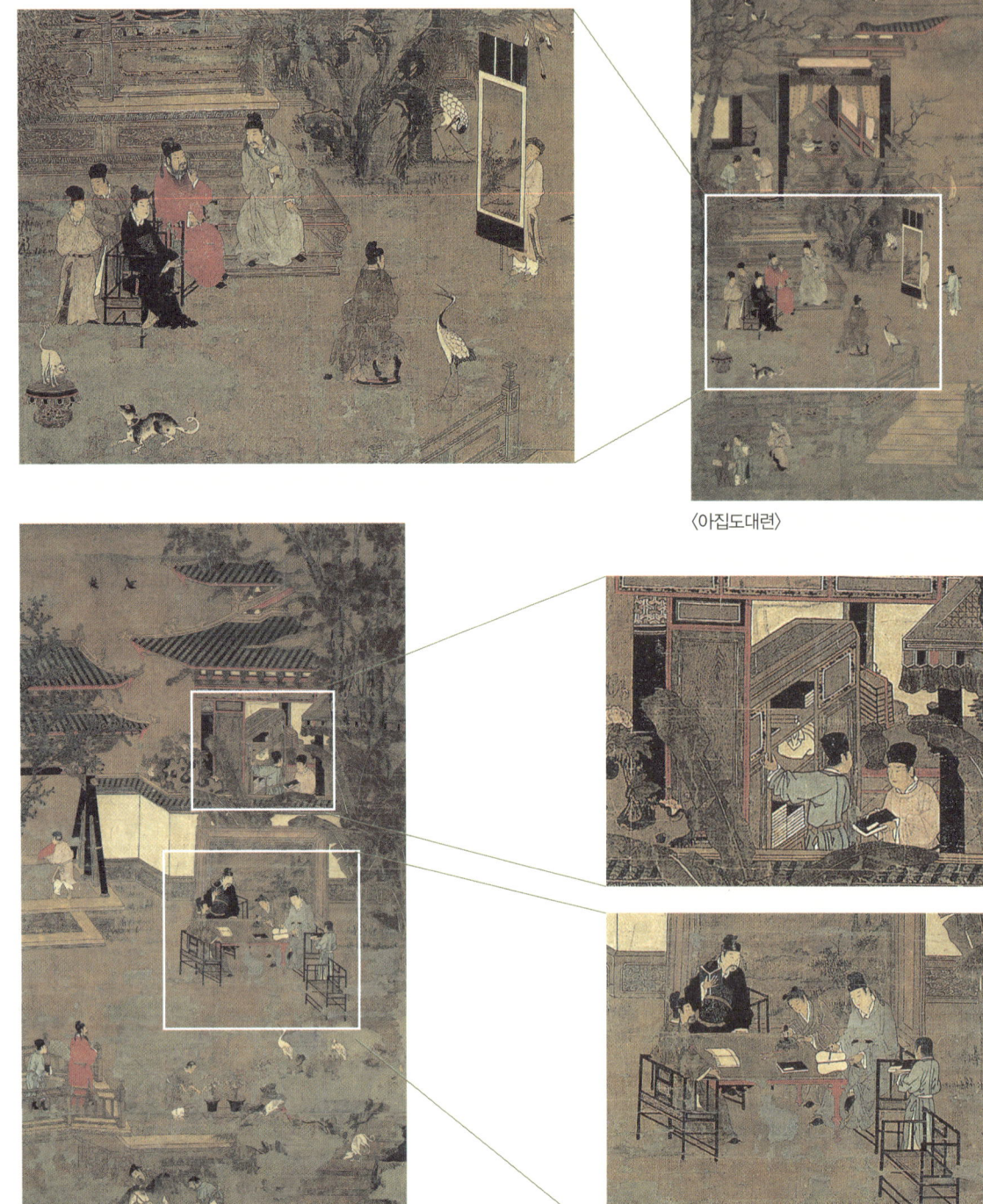

〈아집도대련〉

〈아집도대련〉

깊이 생각하기

1 호족들은 왜 광종의 노비안검법에 반대했을까요?

> **노비안검법**: 호족들이 소유한 노비 중에서 원래는 양인이었으나 정당하지 못한 방법으로 노비가 되었던 사람들을 다시 양인으로 되돌려 주는 법을 말한다.

2 신라와 고려는 관직에 오르는 방법이 어떻게 달랐을까요?

3 다음은 문벌 귀족에게 주는 특혜입니다. 귀족들에게 특혜를 준 것에 대해 어떻게 생각하나요?

> **음서**: 5품 이상 고급 관리의 자손이나 공신의 자손에게 과거를 치르지 않고 관리가 될 수 있게 해 주는 제도를 말한다.

> **공음전**: 높은 관리나 나라에 공을 세운 공신에게 주는 토지를 말한다. 대대손손 후손에게 토지를 물려줄 수 있다.

생각 펼치기

 사료 해석하기

최승로의 시무 28조를 읽고 이 당시의 시대 상황을 추측하여 글을 써 보세요.

성종은 즉위 1년 후, 더 좋은 정치를 하기 위해서
신하들에게 의견을 구했다. 이때 여러 신하가 의견을 냈고,
그 의견 중 하나가 최승로의 시무 28조이다.
최승로가 성종에게 올린 글에는 글을 쓴 배경, 성종 이전의
다섯 왕(태조, 혜종, 정종, 광종, 경종)에 대한 평가 그리고 시무 28조가
적혀 있다. 시무 28조는 유교 중심의 정치 개혁안이다.

시무 28조

- 북방의 오랑캐의 침입에 대비하여 군사를 기를 것
- 지방에 관리를 파견하여 백성을 보살피게 할 것
- 관리들의 옷차림에 대한 법을 새롭게 정할 것
- 귀족을 지나치게 억누르지 말 것
- 공신들의 자손들을 관리로 뽑을 것
- 왕은 신하를 예로써 다할 것
- 불교 행사를 지나치게 크게 하는 것은 백성에게 부담을 주는 일이니 줄일 것
- 함부로 절을 짓는 일을 금할 것

역사와 뛰놀기

사륜정 만들기

전개도를 이용하여 사륜정을 만들어 보세요.

사륜정은 바퀴를 달아 움직일 수 있게 만든 이동식 정자를 말한다. 이규보가 경치 좋은 곳을 찾아 풍류를 즐기기 위해 직접 설계했으나 실제로 만들지는 못했다. 이규보의 문집 《동국이상국집》에 사륜정을 만드는 방법이 자세히 설명되어 있다.

준비물
사륜정 전개도, 가위, 풀, 테이프, 연필

만드는 방법
1. [활동 자료6] 정자 마루 전개도 위에 자리 배치도를 그려 보세요.
2. 전개도를 가위로 오려 주세요.
3. 정자 마루를 만들고 바퀴를 붙여 주세요.(검은 실선은 오리고 점선은 접으세요.)
4. 정자 기둥과 정자 덮개를 만들어 주세요.
5. 만들어진 정자 마루, 정자 덮개, 정자 기둥으로 사륜정을 완성하세요.

승안(承安) 4년(1199, 신종 2)에 내가 처음으로 설계를 하여 사륜정(四輪亭)을 동산 위에 세우려 하였는데(중략) 바퀴를 넷으로 하고 그 위에 정자를 짓되, 정자의 사방이 6척이고 들보가 둘, 기둥이 넷이며, 대나무로 서까래를 하고 대자리를 그 위에 덮는데 그것은 가벼움을 취한 것이다. 동서가 각각 난간 하나씩이요, 남북이 또한 같다. 정자가 사방이 6척이니 그 칸수를 총계하면 모두가 36척이다. 그림을 그려서 시험해 보리라.

_이규보, 《동국이상국집》 권 제23 '사륜정기'

노래하는 사람	시에 능한 승려	거문고 타는 사람
바둑 두는 사람	바둑판	바둑 두는 사람
출입구	주인	술동이·술병·소반·그릇

이규보가 '사륜정기'에서 설명한 정자 자리 배치

이규보의 설계에 따라 복원한 사륜정 모습
(경기도 양평 세미원)

역사 공감하기

오늘도 공부하느라 힘들었지? 학교 다니고 학원 다니고 책도 읽어야 하고…….
'차라리 옛날에 태어났더라면 이렇게 공부하지 않아도 될 텐데…….' 하는 생각, 해본 적 있을 거야. 그런데 고려 시대 학생들도 지금 못지않게 열심히 공부해야 했다는구나.

고려의 수도 개경에는 12개의 유명한 사립학교가 있었어. 고위 관직을 두루 지내다가 은퇴한 최충이란 사람이 9재 학당이라는 사립학교를 처음 세웠는데, 이 학교가 인기를 끌자 다른 사람들도 학교를 자꾸 세워 총 12개가 되었어. 이 12개 사립학교를 뭉뚱그려 '사학 12도'라고 불렀어. 과거에 합격하려면 사학 12도를 꼭 다녀야 한다고 소문이 나서 학생들이 줄을 섰단다.

사학 12도를 세운 사람들이 대체로 과거 시험 문제 출제 및 채점 위원을 맡았으니 더 말할 필요가 없겠지? 특히 최충의 9재 학당에는 학생들이 너무 많이 몰려서 여름이면 귀법사라는 절의 큰 방을 빌려 특강을 했다는구나. 요즘으로 치면 여름 특별 캠프를 연 거야.

우리나라의 교육열은 예나 지금이나 다름이 없구나. 그래서 학생들만 힘들다고? 그래그래. 그런 의미로 오늘 공부는 여기서 끝!

04
거란과의 30년 전쟁

생각 한 걸음

1 발해를 멸망시키고 고려와 30년 동안 전쟁을 벌인 민족의 이름은 무엇인가요?

2 거란과 담판을 벌여 강동 6주를 확보한 고려의 장군은 누구인가요?

3 백성을 성 안으로 모두 피신시키고, 적군의 식량이 될 만한 것을 하나도 남기지 않는 전술을 무엇이라고 하나요?

4 고려가 여진이나 거란 같은 북방 민족의 침입을 막기 위해 쌓은 성은 무엇인가요?

5 거란의 3차 침입 때 강감찬이 크게 승리한 전투의 이름은 무엇인가요?

6 여진을 정벌하기 위해 별무반을 만들고 동북 9성을 쌓은 고려의 장군은 누구인가요?

생각 두 걸음

1 다음은 고려 전기 동아시아의 외교 관계를 나타낸 지도입니다.

❶ 친선 관계에 있는 나라끼리 파란색 선으로 연결해 보세요.
❷ 대립 관계에 있는 나라끼리 빨간색 선으로 연결해 보세요.

2 다음 지도에서 강동 6주를
   찾아 동그라미 하고
   천리장성을 따라 그려
   보세요.

3 고려는 거란과의 전쟁을 겪으면서 다음과 같은 유물을 왜 만들었을까요?

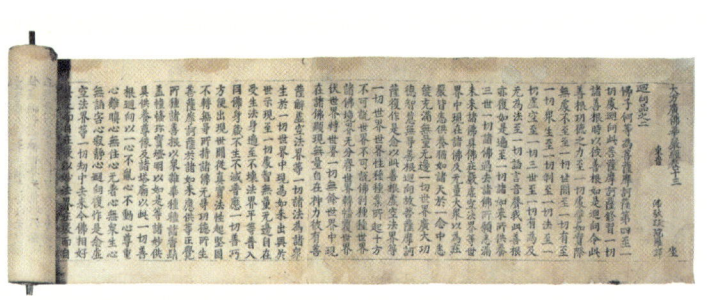

초조대장경
고려 현종 때 만든 고려 최초의 대장경이다. 대장경이란 삼장 즉 부처님의 말씀(경), 승려들이 지켜야 할 규칙(율), 그리고 경과 율에 대한 해석(논)을 모두 모아 놓은 것을 말한다.

개성 흥국사 석탑
강감찬 장군이 거란을 물리치고 세운 탑

깊이 생각하기

1 다음 글을 참고하여 거란이 고려를 침입한 이유를 써 보세요.

- 거란이 발해를 멸망시켰다.
- 왕건은 거란에서 보낸 사신을 유배시키고, 선물로 가져온 낙타를 굶겨 죽였다.
- 고려는 송나라와 교류를 맺고 친하게 지냈다.
- 거란은 송나라를 정복하기 전에 먼저 여진과 고려를 공격하였다.

2 고려와 거란은 여러 번 전쟁을 했습니다. 고려는 그때마다 거란에 맞서기 위해 어떤 노력을 했나요?

3 다음은 고려가 송, 거란과 맺었던 외교 정책입니다. 이와 같은 고려의 외교 정책에 대해서 어떻게 생각하나요?

- 송나라는 거란이 커지는 것에 위협을 느껴 985년 거란을 함께 공격하자고 요청했으나 고려는 끝내 출병을 거부했다.
- 993년 서희는 송과 국교를 끊고 거란과 외교를 하겠다는 약속을 하고 전쟁 없이 거란을 물리쳤다.
- 거란과 국교를 맺는 대가로 강동 6주를 얻어 냈다.
- 송나라와 국교를 끊었던 고려는 10년 뒤, 송나라와 다시 국교를 맺고 거란을 견제하였다.

생각 펼치기

강감찬 장군의 장계 쓰기

다음 글을 읽고 귀주 대첩을 승리로 이끈 강감찬 장군이 되어 장계를 써 보세요.

장계는 왕명을 받고 지방에 나가 있는 신하가 자기 지역의 중요한 일을 왕에게 보고하는 일 또는 그 문서를 말한다.

귀주 대첩은 1018년(현종 9년)에 강감찬 장군이 거란의 3차 침입을 귀주에서 크게 물리친 싸움을 말한다. 고려군과 거란군이 서로 싸우고 있을 때 갑자기 거센 비바람이 거란군 쪽으로 불기 시작했고, 고려군은 이를 놓치지 않고 화살을 퍼부어 거란군을 크게 무찔렀다. 이 전투에서 살아 돌아간 거란군은 10만 대군 중 수천 명뿐이었다.

역사와 뛰놀기

전투 기록화 그리기

다음 귀주 대첩 기록화와 부산진순절도를 참고하여 흥화진 전투의 기록화를 그려 보세요.

강감찬 장군이 흥화진에서 거란을 물리친 전투를 흥화진 전투라고 한다.
흥화진 성의 동쪽에는 강이 있었는데 강감찬은 쇠가죽을 연결하여 강의 상류를 막고 군사를 매복시켜 거란군을 기다렸다.
거란군이 이 강을 건너갈 때 막아 두었던 강물을 텄고 거란군이 당황하는 사이 고려군은 거란군을 공격하여 승리를 거두었다.

〈부산진순절도〉(조선 시대에 그려진 임진왜란 기록화)

귀주 대첩 기록화(현대에 그려진 기록화)

흥화진 전투 기록화

역사 공감하기

우리나라의 천리장성

중국의 만리장성

일본의 히메지 성

프랑스의 카르카손 성

세계 여러 나라의 성이야. 히메지 성이나 카르카손 성처럼 하나의 성만 있는 것도 있고, 천리장성과 만리장성처럼 성과 성을 연결하여 길게 만든 장성도 있단다. 성은 튼튼하게 만들어야 하기 때문에 시간과 노력이 많이 든단다. 허술하게 만들면 적이 공격해 왔을 때 잘 막아 낼 수 없지 않겠니.

세계 여러 나라의 성은 그 모습은 각각 다르지만 만든 사람들의 피땀이 서려 있는 곳이란다.

05
국제 무역항 벽란도와 코리아

생각 한 걸음

1 고려의 대표적인 국제 무역 항구는 어디인가요?

2 고려의 수출품 중 가장 인기 있었던 품목은 무엇인가요?

3 고려와 가장 활발하게 무역을 했던 나라는 어디인가요?

4 개경에 있던 시장 중 나라가 운영하던 시장을 무엇이라고 하나요?

5 개경 남대문에서 곧게 쭉 뻗어 있고, 상점이 많이 모여 있던 길의 이름은 무엇인가요?

6 개경의 장사꾼이라는 뜻으로 수완이 좋고 장사 잘하기로 유명한 사람을 무엇이라고 불렀나요?

생각 두 걸음

1 다음은 고려 시대에 사용했던 물건입니다.

❶ 다음 물건들의 공통점을 이야기해 보세요.
❷ 고려 사람들이 교환 수단으로 주로 사용한 물건에 동그라미 하고, 왜 그 물건을 사용했는지 이야기해 보세요.

동국통보

해동통보

은병(은으로 만든 화폐)

동국중보

베

쌀

지원통행보초(원나라의 종이돈)

2 다음은 고려의 무역로를 나타낸 지도입니다.

   ❶ 벽란도와 개경을 찾아 선으로 연결해 보세요.
   ❷ 고려와 물건을 사고팔았던 나라 이름에 모두 동그라미 해 보세요.
   ❸ 고려는 송나라와 어떤 물건들을 사고팔았는지 스티커로 붙여 보세요. ([활동 자료1] 활용)

3 벽란도가 국제 무역항이 될 수 있었던 이유는 무엇일까요?

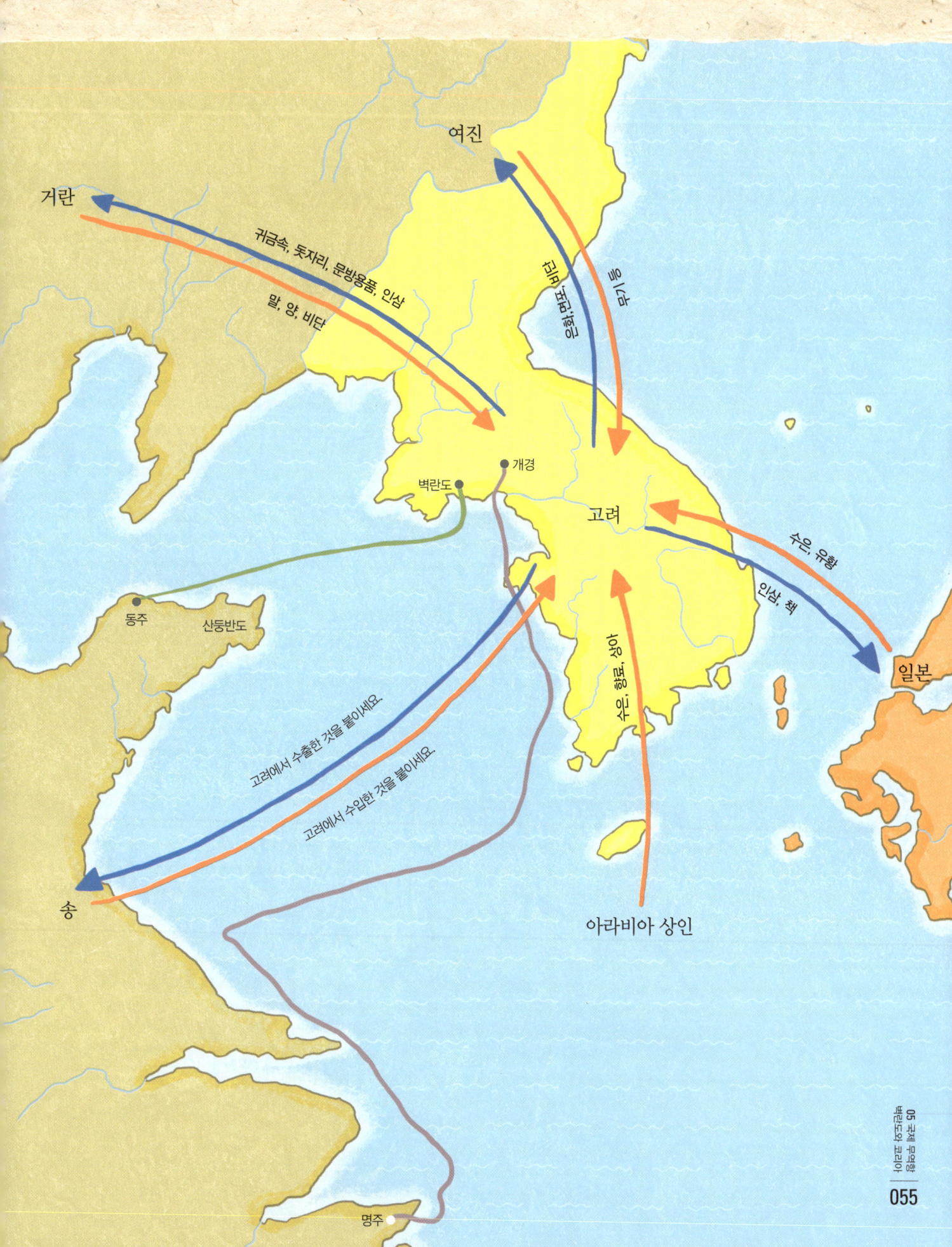

깊이 생각하기

1 개경의 여러 시장 중에는 나라에서 운영하는 시장인 '시전'이 있었습니다.
왜 나라에서 시장을 운영했을까요?

2 국제 무역이 활발히 이루어지기 위해서는 무엇이 필요할까요?

3 외국 사람들과 활발하게 교류하면서 고려 사람들에게 어떤 변화가 생겼을까요?

- 벽란도에는 송나라 상인, 일본 상인, 동남아시아 상인, 아라비아 상인 등이 오고 갔다.
- 송나라와의 교역으로 후추와 설탕이 수입되었다.
- 개경에 수백 명의 송나라 상인들이 머물면서 무역 활동을 했다.
- 수공업 제품을 생산하던 '소'의 주민들은 수출이 늘어남에 따라 수출품인 종이와 먹, 자기 등을 대량으로 생산했다.

생각 펼치기

 인삼 광고지 만들기

고려 상인이 되어서 다른 나라의 상인에게 고려 인삼을 널리 알리는 광고지를 만들어 보세요.

종류
- 수삼 : 인삼을 땅에서 캐내어 말리지 않은 것
- 백삼 : 수삼의 껍질을 벗겨 말린 것
- 홍삼 : 백삼을 가마에 넣고 쪄서 붉은 빛이 나게 한 것

효능
- 인삼은 3년이 되어야 약효가 있다.
- 인삼에는 사포닌 성분이 있어 병에 대한 저항력을 높여 준다.
- 인삼에는 독이 없어 장기간 먹어도 해가 없고, 몸이 허약하거나 피로할 때 먹으면 좋다.

역사와 뛰놀기

재래시장 둘러보기

고려 황궁 남쪽에는 나라에서 세운 시장인 시전이 있었습니다. 오늘날 우리 주변에는 많은 곳에 재래시장이 남아 있습니다. 집에서 가까운 시장을 찾아가 보세요.

1. 집에서 가까운 재래시장을 찾아가세요.
2. 쌀, 만두, 참기름, 인삼을 파는 가게들을 찾아보세요.
3. 가게의 이름과 파는 물건을 써 보세요.
4. 가게의 모습을 핸드폰이나 카메라로 사진을 찍어 보세요.
5. '한국사 편지 생각책 공식 카페'에 찍은 사진을 올려 주세요.
http://cafe.naver.com/cumlibro

차를 파는 다점

종이를 파는 **지전**

말을 파는 마전

남대가

만두를 파는 **쌍화점**

기름을 파는 유시

| 가게 이름 : |
| 파는 물건 : |

사진

| 가게 이름 : |
| 파는 물건 : |

사진

역사 공감하기

주요 수출품목 순위	
1위	석유 제품
2위	반도체
3위	자동차
4위	선박 해양 구조물 및 부품
5위	평판 디스플레이 및 센서
6위	자동차 부품
7위	무선 통신 기기
8위	철강 제품
9위	합성수지
10위	전자 응용 기기

주요 수입품목 순위	
1위	원유
2위	반도체
3위	천연가스
4위	석유 제품
5위	석탄
6위	철강판
7위	철광
8위	컴퓨터
9위	반도체 제조용 장비
10위	정밀 화학 원료

출처 : 관세청 (2013년 3월 자료)

우리나라에는 현재 24개의 국제 무역항과 7개의 국제공항이 있어. 외국과의 교역을 위해 수출입 물품을 배나 비행기에 실어서 내보내고 또 들여오는 곳이란다.

고려 시대에는 모시, 인삼, 종이, 먹, 돗자리 등을 외국으로 수출하고, 비단, 차, 악기, 상아 등을 수입했다고 하지? 오늘날에는 자동차, 반도체, 선박, 핸드폰 등을 외국으로 수출하고, 원유, 원자재, 농산물, 커피 등을 수입하고 있어. 100년 뒤, 미래에는 어떤 품목을 사고팔게 될까?

06
불교의 나라, 고려

생각 한 걸음

1 고려 시대에 사회와 경제 면에서 커다란 역할을 했던 종교는 무엇인가요?

2 승려들이 문무 관리처럼 품계를 받으려면 어떤 시험을 거쳐야 했나요?

3 고려 시대에 승려로서 올라갈 수 있는 가장 높은 자리는 무엇인가요?

4 장생표가 무엇인지 설명해 보세요.

5 절에서 여행자를 위해 운영하던 숙박 시설을 무엇이라 했나요?

6 고려에는 마을마다 수호신이 있었습니다. 마을을 지켜 주는 수호신을 믿는 신앙을 무엇이라고 하나요?

생각 두 걸음

1 다음은 여러 지역에 남아 있는 고려의 불상입니다. 고려 시대에 여러 지역에서 다양한 모습의 불상이 나왔던 이유는 무엇일까요?

용미리 석불입상(파주)
17.4m

금동관음보살좌상(회양군)
15.5cm

한송사 석조보살좌상(강릉)
92.4cm

정림사지 석불여래좌상(부여)
5.62m

제비원 미륵불상(안동)
12.38m

고도리 석불입상(익산)
4.24m

덕주사 마애여래입상(제천)
13m

2 다음은 고려 불화인 수월관음도입니다. 그림에 대한 설명을 읽고 해당되는 부분을 찾아 그림에 동그라미 해 보세요. (잘 보이지 않는 부분은 재현한 그림을 참고하세요.)

㉠ 관음보살에게 공양을 드리고 있는 용왕
㉡ 관음보살의 발밑에 피어난 연꽃
㉢ 관음보살이 오른손에 들고 있는 염주
㉣ 버들가지가 꽂혀 있는 정병
㉤ 대나무 두 그루
㉥ 바다 위에 떠 있는 연꽃잎에 올라서서 합장하는 선재동자
㉦ 부리에 꽃가지를 물고 있는 새
㉧ 붉은 구슬을 손에 들고 등에 업혀 있는 어린 아이

〈수월관음도〉(일본 교토 대덕사 소장, 227.9×125.8cm) 〈수월관음도〉 재현(월제 혜담 스님)

3 다음은 고려 시대의 종교와 관련된 그림입니다.

❶ 괄호 안에 알맞은 종교의 이름을 써 보세요.
❷ 다음 그림들을 보고 알 수 있는 것을 이야기해 보세요.

ㄱ
(   )
고려의 수도 개경에는, 크고 작은
절이 5백여 개나 있었다.

ㄴ
(   )
마을마다 성황신을 모셔놓은
성황당이 있었다.

ㄷ
(도교   )
고려 왕실에서는 신들에게 제사를
올리는 재초행사를 거행했다.

ㄹ
(   )
개경의 성균관에서는 유교 과목을
가르치고 공자에게 제사를 지냈다.

깊이 생각하기

1 연등회와 팔관회는 고려 사람들이 손꼽아 기다리는 명절이자 축제였습니다. 고려 시대에 연등회와 팔관회를 중요한 국가 행사로 여긴 이유는 무엇일까요?

연등회	팔관회
국가적인 불교 행사로, 연등을 걸어 놓고 축제를 열었다. 술과 음식을 마련하고 춤과 노래를 부르며 부처의 공덕과 나라의 태평을 기원했다.	불교 의식과 전통 신앙을 한자리에 모아 놓은 축제이다. 외국의 상인들이 참석했으며 이때 무역도 활발히 이루어졌다.

2 고려 시대의 절은 종교 중심지 역할 뿐만 아니라 다음과 같은 역할도 했습니다. 절이 이런 역할을 할 수 있었던 이유는 무엇일까요?

- 농민들은 절 소유의 땅을 빌려 농사를 짓고 소작료를 바쳤다.
- 행사가 있는 날이면 수많은 사람들이 절에 모여들어 많은 물건들이 사고 팔렸다.
- 요즘의 은행처럼 쌀이나 베를 농민들에게 빌려 주고 이자를 붙여 받는 일도 했다.

3 고려 시대는 우리 역사에서 불교가 번창했던 시대였습니다. 고려 시대에 불교가 번창할 수 있었던 이유는 무엇일까요?

생각 펼치기

 은진미륵 묘사하는 글쓰기

관촉사 석조미륵보살입상을 묘사하는 글을 써 보세요.

> 충남 논산 관촉사에 있는 석조미륵보살입상은 높이 18m가 넘는 매우 거대한 불상이다. 은진미륵이라고도 불리는 이 불상은 고려 광종 때 만들어졌다.

관촉사 석조미륵보살입상

역사와 뛰놀기

단청 꾸미기

OHP 필름에 단청을 그려 보세요.

단청은 나무로 지은 건물에 여러 빛깔과 무늬를 그려 아름답게 장식한 것이다. 단청은 비바람과 병충해로부터 목조 건물을 지켜 준다. 청, 적, 황, 백, 흑 다섯 가지 색을 기본으로 사용한다. 고려 시대 건축물 중 현재까지 남아 있는 단청의 흔적을 볼 수 있는 것은 영주 부석사 조사당, 안동 봉정사 극락전, 예산 수덕사 대웅전 등이다.

준비물
OHP 필름, 유성매직(다양한 색상), 셀로판테이프

방법
1. [활동 자료7]에서 그리고 싶은 단청 문양을 선택하세요.
2. 문양 위에 OHP 필름을 놓고 셀로판테이프로 고정시키세요.
3. 유성매직으로 문양을 따라 그린 후 예쁘게 색칠해 보세요.
4. 색칠한 단청을 가위로 오려서 유리창에 붙여 장식해 보세요.

안동 봉정사 극락전

단청

역사 공감하기

공민왕 16년 연등회 전날
현보의 일기

드디어 내일 1년 동안 기다리던 연등회가 열린다. 연등을 만들면서 내일을 얼마나 기다렸는지 모른다. 임금님이 사시는 개경의 연등은 우리 집보다 아마 백배는 화려하겠지?

지난 11월에 열린 팔관회에는 부모님하고 큰누나만 가고 나는 밤새 집을 지켰다. 팔관회는 어른들만 갈 수 있는 축제라서 구경을 못 가 속상했는데 이제 연등회가 열리니까 괜찮다. 연등회는 나 같은 어린아이도 함께 어울려 놀 수 있는 신 나는 행사니까.

작년에는 옆집 다실이가 멋진 연등을 만들어서 칭찬을 많이 받았다고 으스댔다. 다실이의 으스대는 모습을 보면서 약이 올라 혼이 났다. 올해에는 내 연등이 다실이 것보다 훨씬 멋질 거다. 왜냐하면, 개경에서 공부하는 형님이 개경 지전에서 멋진 종이를 보내 주셨기 때문이다. 개경의 종이로 만들어서 그런지 색이 정말 예쁘다.

내일 온 동네를 돌아다니며 연등을 자랑하려면 일찍 자야 하는데 가슴이 너무 설레서 잠이 잘 올지 모르겠다.

07

고려 사람들은 어떻게 살았을까?

생각 한 걸음

1 자식에게 재산을 상속할 때 차별 없이 똑같이 나누어 주는 것을 무엇이라고 하나요?

2 고려 시대는 상례와 제사를 절에서 지냈습니다. 이것은 어떤 종교의 영향을 받은 풍습인가요?

3 고려 시대의 결혼 풍습에 대해 이야기해 보세요.

4 고려 시대에는 호적과 족보에 자녀를 어떤 순서로 기록했나요?

5 성씨와 본관이 널리 사용되기 시작한 것은 언제부터인가요?

6 신분, 관직, 가족 관계, 재산 상태 등을 기록하여 3년마다 만든 문서를 무엇이라고 하나요?

생각 두 걸음

1 다음 그림을 보고 고려 시대 사람들의 옷차림이 어땠는지 이야기해 보세요.

고려 말 관리 조반 부부의 초상화

〈수월관음도〉 중 여인의 모습

고려 말 관리 박익의 무덤 벽화

고려 시대 불화 〈미륵하생경변상도〉 중 농민의 모습

《고려도경》을 자료로 귀부인 옷을 재현한 모습

《고려도경》을 자료로 고위 관리의 공복을 재현한 모습

2 다음은 고려 시대 귀족의 방과 부유한 평민의 부엌입니다. 유물 스티커로 꾸며 보세요. ([활동 자료2] 활용)

귀족 저택의 침실

깊이 생각하기

1 다음을 읽고 호적이 만들어진 이유를 생각해 보세요.

> • 귀족, 양인, 노비 모두 호적을 만들었다.
> • 귀족의 호적에는 호주의 관직과 녹봉, 재산 상태, 조상, 처, 자손, 형제, 조카, 노비들까지 기록한다.
> • 양인의 호적은 호주의 이름, 나이, 본관, 가족 관계를 자세히 기록하고, 노비의 호적은 주인과의 관계에 중점을 두고 기록했다.
> • 호적은 양반의 경우 3년마다 다시 만들었는데, 두 벌을 만들어서 한 벌은 관청에 제출하고 한 벌은 자신이 보관했다.

2 고려 시대부터 성씨와 본관이 널리 사용된 이유는 무엇일까요?

3 다음 단어들을 이용하여 고려 시대 사람들의 삶을 정리해서 써 보세요.

> 출생, 족보, 처가살이, 외가, 균분 상속, 불교식 장례

생각 펼치기

 김고려 씨의 유언장 쓰기

다음을 읽고 김고려 씨가 되어 상속 내용을 담은 유언장을 써 보세요.

> 경상도 안찰부사인 김고려 씨는 슬하에 2녀 2남을 두었다. 김고려 씨가 소유한 재산으로는, 집 근처의 비옥한 토지 120결과 산기슭 쪽의 척박한 토지 30결, 땔감을 얻을 수 있는 시지 25결이 있었다. 거느리고 있는 노비로는 40세 이상의 나이든 노비 15명, 30세 이하의 젊은 남자 노비 27명, 여자 노비 25명, 아이 노비 5명이 있었다. 나라에서 하사한 금덩이 50돈과 송나라에서 수입한 비단 22필, 아라비아 상인에게 선물 받은 앵무새 한 마리는 김고려 씨가 아끼던 재산이었다.

역사와 뛰놀기

향낭 접기

색지를 이용해서 향낭을 만들어 보세요.

향낭은 향을 넣어서 허리춤에 다는 주머니를 말한다. 《고려도경》에 고려 시대의 귀부인들은 비단으로 만든 향낭을 많이 달고 다닐수록 자랑으로 여겼다는 기록이 있다.

준비물
사방 20cm의 색지, 풀, 장식용 끈, 구멍 뚫는 펀치

방법
1. 향낭 접는 방법에 따라 색지를 접으세요.
2. 장식용 끈으로 장식을 해 주세요.
3. 향기 나는 것을 넣어서 방 안에 걸어 두면 좋아요.

접는 방법

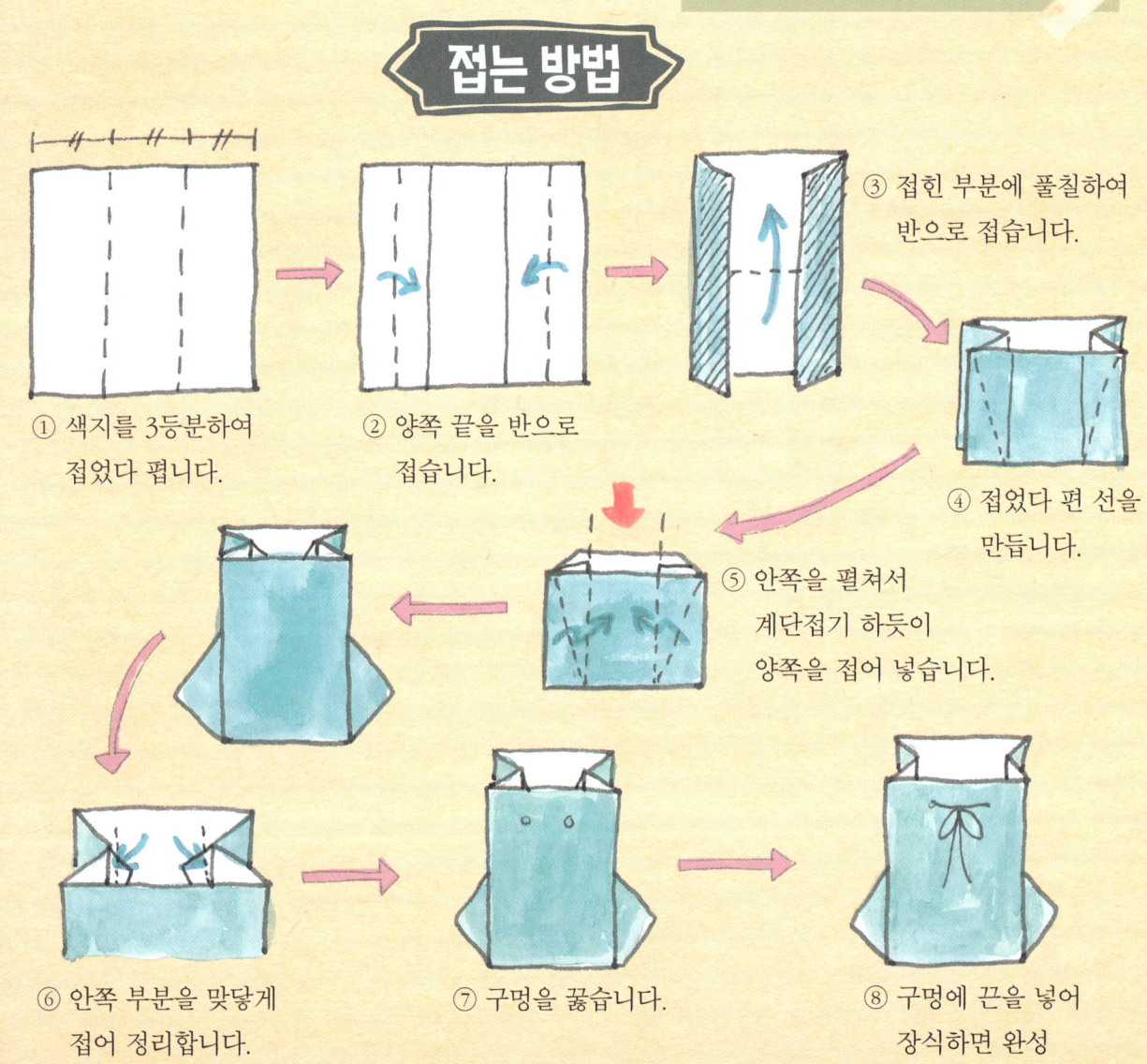

① 색지를 3등분하여 접었다 폅니다.
② 양쪽 끝을 반으로 접습니다.
③ 접힌 부분에 풀칠하여 반으로 접습니다.
④ 접었다 편 선을 만듭니다.
⑤ 안쪽을 펼쳐서 계단접기 하듯이 양쪽을 접어 넣습니다.
⑥ 안쪽 부분을 맞닿게 접어 정리합니다.
⑦ 구멍을 뚫습니다.
⑧ 구멍에 끈을 넣어 장식하면 완성

역사 공감하기

기본증명서
⟨둘리 명예가족관계등록부⟩

등록기준지	서울특별시 도봉구 쌍문동 2번지의 2

구분	상세 내용
작성	[가족관계등록부작성일] 2011년 2월 2일 [작성사유] 도봉구청장 방침 1608호에 따라

구분	성명	출생일자	종류	성별	본
본인	둘리	1억 만 년 전에 태어났지만, 빙하 속에 잠들어 있던 관계로 신체와 정신 나이가 8세 내외	강아지, 고양이, 너구리 등 둘리의 정체에 대한 의견이 분분하였으나, 'X-ray' 촬영 판독 결과 '케라토사우루스'로 밝혀짐.	남	도봉

일반등록사항

구분	상세 내용
출생	[태어난 곳] 1억 만 년 전의 공룡나라 [발견 장소] 빙하 속에 갇힌 상태로 도봉구 쌍문동 '우이천'까지 떠내려와 길을 가던 영희에게 발견됨. [아빠] 알 수 없음. [엄마] 브라키오사우루스
입양	2007년 1월 31일 국민들의 염원에 의해 떠밀리듯 '고길동'과 '박정자'의 양자로 입양
특이사항	외계인들의 생체 실험에 도움(?)을 준 대가로 '초능력'을 얻게 됨.

둘리 테마파크 방문 기념으로 둘리 기본증명서를 (　　)에게 발급함.

20　년　월　일

도봉구청장 **도봉구청장**
㈜둘리나라 **㈜둘리나라**

이 증명서는 아기 공룡 둘리의 가족관계등록부야. 빙하기 때 얼음 속에 갇혀 있다가 초능력을 갖게 된 아기 공룡 둘리. 온 국민의 사랑을 듬뿍 받은 둘리는 서울시 도봉구의 명예 주민이 되었단다. 고려 시대에도 호적이 있었다는 것을 기억하고 있니? 백성들의 출생과 신분에 관한 것들을 기록하는 공식적인 문서였지. 호적의 내용과 형태는 시대에 따라 조금씩 변했지만, 최근까지 존재했어. 그러다가 2008년부터 가족관계등록부로 바뀌게 되었단다. 너의 가족관계등록부를 본 적이 있니? 가까운 동사무소나 인터넷에서 발급받을 수 있으니 발급받아서 한번 살펴보는 건 어때?

08 무신들의 세상

참고 참았던 정중부를 비롯한 무신들은 드디어 폭발하고 말았단다.
1170년 8월 30일 밤 보현원에서 무슨 일이 벌어졌을까?

생각 한 걸음

1 차별에 불만을 품은 무신들이 문신들을 죽이고 반란을 일으킨 곳은 어디인가요?

2 무신들의 반란으로 죽게 된 왕은 누구인가요?

3 무신들의 반란이 성공한 이후 약 백 년 동안을 무슨 시대라고 하나요?

4 인종을 자기 집에 가두고 반란을 일으킨 문벌 귀족은 누구인가요?

5 고려 인종 때 서경 천도를 주장한 사람은 누구인가요?

6 고려 시대의 내시를 설명해 보세요.

생각 두 걸음

1 다음은 고려 시대의 지도입니다.

❶ 고려의 수도에 빨간색으로 동그라미 해 보세요.
❷ 묘청이 수도로 삼고 싶어 했던 곳에 파란색으로 동그라미 해 보세요.

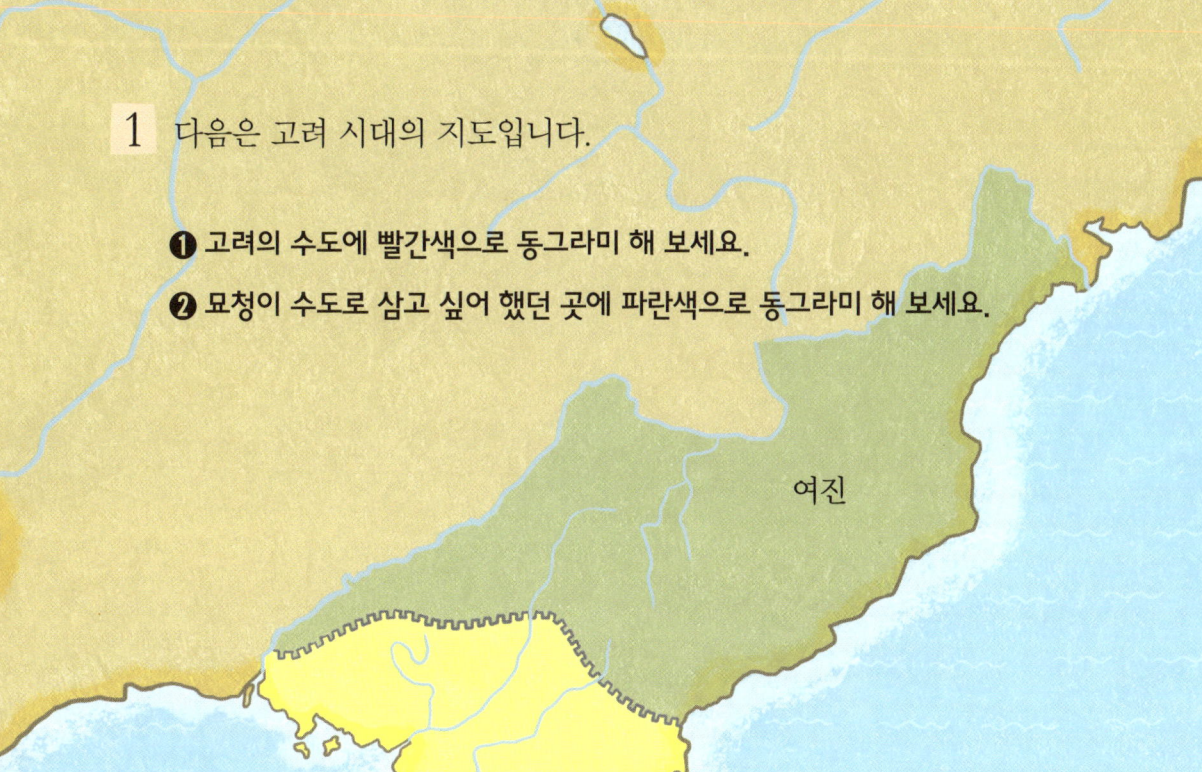

2. 묘청은 서경 천도를 주장하고, 김부식은 그에 반대했습니다. 묘청이 천도를 주장한 이유와 김부식이 반대한 이유를 써 보세요.

서경으로 천도해야 합니다.

서경 천도에 반대합니다.

3. 다음을 보고 무신들은 어떤 생각을 했을지 이야기해 보세요.

공민왕릉의 문신상과 무신상. 문신은 무덤 가까운 윗단에, 무신은 아랫단에 서 있다.

우리는 모두 문신 출신 장군들이야.

서희 강감찬 윤관

깊이 생각하기

1 무신들의 반란이 성공할 수 있었던 이유는 무엇일까요?

2 무신 정권 동안 최고 권력자가 계속해서 바뀐 이유는 무엇일까요?

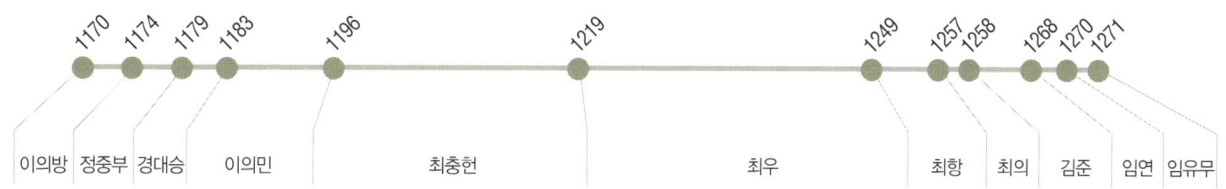

3 다음 사람들은 무신이 권력을 잡은 기간 동안 어떤 생각을 했을까요?

| 왕 | 문신 |

| 무신 | 농민과 천민 |

농민과 천민: 문벌 귀족의 횡포 때문에 살기가 힘들었는데, 무신들이 권력을 잡아 기대가 컸다. 하지만 우리의 생활을 이해하기는커녕 권력 다툼에만 눈이 멀었으니 한심하다.

생각 펼치기

 '무신들의 세상'으로 육행시 쓰기

무신 정변에 대한 내용으로 육행시를 써 보세요.

역사와 뛰놀기

고려 시대 방패 꾸미기

다음 설명을 읽고 고려 시대 방패를 상상해서 그려 보세요.

> 방패의 몸체는 나무이고 뒷면에 가죽을 덮고 앞에 사자 모양을 그렸다. 위에 다섯 개의 칼을 꽂고 꿩 꼬리로 가렸는데 자신을 보호할 뿐만 아니라 상대방을 찌를 수 있다.
> _《고려도경》

> 1217년 거란이 침입했을 때, 고려의 문신 김지대는 아버지를 대신해 전쟁터에 나가게 되었다. 당시 군사들은 방패머리에 기이한 그림을 그렸으나, 그는 시를 지어서 붙였다고 한다.

역사 공감하기

무신들이 난을 일으켰을 때 누가 가장 두려워했을까?
아마 정중부의 수염을 태운 김돈중이나 이소응의 뺨을 친 한뢰 같은 문신들이었을 거야.
무신들이 난을 일으켰을 때 많은 문신이 죽임을 당했다는 건 알고 있지?
그런데 문신 중에서 구사일생으로 목숨을 구한 사람들이 있단다.
문극겸은 왕에게 상소를 올려 충직한 말을 했다가 왕의 미움을 샀던 문신이야. 무신의 난이 일어났을 때 군사들에게 붙잡힌 문극겸은 이렇게 말했어.
"나는 문극겸이다. 주상께서 만일 내 말을 따르셨다면 어찌 오늘에 이르렀겠는가?"
문극겸은 자신을 알아본 한 장수 덕분에 목숨을 구했고, 또 다른 문신의 목숨도 구할 수 있었어. 그리고 서희의 고손자인 서공은 평소 문신들의 오만방자함을 비판하면서 무신들을 잘 대해 주었다고 해. 그래서 정중부는 직접 군사 22명을 보내 그를 지켜 주었단다.
만약 문극겸과 서공 같은 문신이 여러 명 있었다면, 많은 문신이 목숨을 잃는 무신 정변은 없지 않았을까?

09
왕후장상의 씨가 따로 있나?

1대 노비,
할아버지

돌아가신 우리 할아버지는 지체 높은 집안의 노비였어. 주인마님의 행차 때마다 몇 십 리씩 걸으셔야 했지.

우리 아버지도 지체 높은 집안의 노비야. 새벽부터 늦은 밤까지 농사일에 집안일에 눈코 뜰 새 없이 바쁘셔.

2대 노비,
아버지

3대 노비,
나

나도 지체 높은 집안의 노비야. 온종일 도련님의 수발을 들다가 이유 없이 주인어른께 혼쭐이 나면 나도 모르게 부아가 치밀어.

드디어 나도 아들을 낳았어. 이 아이도 곧 일을 배우게 되겠지? 아들아, 너도 할아버지와 아버지처럼 평생 일만 하게 될 운명이구나.

4대 노비,
나의 자식

생각 한 걸음

1. 특산물을 만들어 나라에 바치던 고려 시대의 특별 행정 구역을 무엇이라고 하나요?

2. 공주 명학소에서 일어난 봉기를 이끈 사람은 누구인가요?

3. 왕후장상의 뜻은 무엇인가요?

4. 만적이 봉기를 준비하며 노비들에게 나누어 준 종이에는 어떤 글자가 적혀 있었나요?

5. 만적과 노비들이 봉기를 일으키기 위해 처음 모인 장소는 어디인가요?

6. 외거 노비와 솔거 노비를 설명해 보세요.

2 다음은 고려 시대의 특별 행정 구역 중 '소'를 나타낸 지도입니다.

❶ 지도를 참고하여 표의 빈칸을 채워 보세요.
❷ 지도와 표를 보고 자유롭게 이야기를 나누어 보세요.

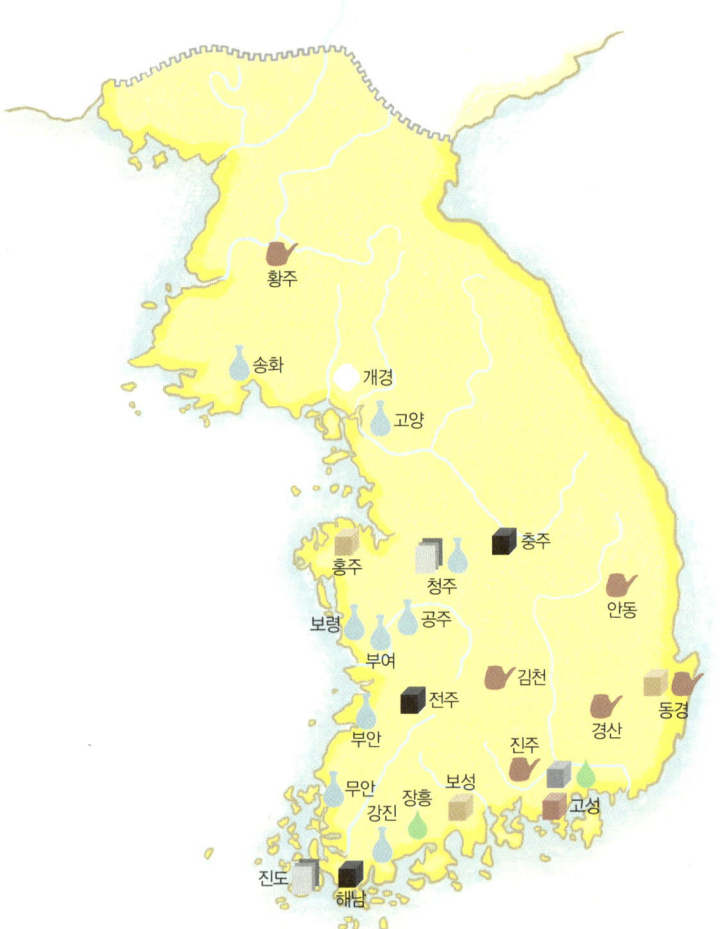

생산품	생산지
철	
금	홍주, 동경, 보성
은	
동	고성
소금	
종이	청주, 진도
자기	강진, 부안, 무안, 보령, 공주, 부여, 청주, 송화, 고양
차	
약재	황주, 안동, 동경, 경산, 김천, 진주

깊이 생각하기

1 망이·망소이와 만적의 행동에 대해 당시 고려의 일반 백성들은 어떤 생각을 했을까요?

2 무신 정권 시기에 농민과 천민이 살기 힘들었던 이유는 무엇일까요?

3 농민과 천민들의 저항에 대해 생각해 보세요. 나라의 안전을 위협하는 '반란'일까요? 부당한 일에 맞서는 '봉기'일까요? 자유롭게 이야기해 보세요.

생각 펼치기

 순정의 일기 쓰기

순정이 되어 다음과 같은 사건이 일어난 날들 중 하나를 골라 일기를 써 보세요.

- 순정이 주인에게 봉기 사실을 실토한 날
- 봉기에 참여한 노비들이 물에 빠져 죽은 날
- 순정이 양인이 된 날

선택한 날: _____ **날씨:** _____

제 목: _____

역사와 뛰놀기

가로세로 낱말 퀴즈

가로세로 낱말 퀴즈를 풀며 농민과 천민의 봉기에 대해 알아봅시다.

가로 낱말

① 명학소 사람들이 일으킨 봉기에 앞장선 두 사람은?
② 만적은 누구의 노비였나?
③ 흥국사에서 헤어진 만적의 무리가 다시 모이기로 한 곳은?
④ 왕, 귀족, 장군, 재상을 가리키는 한자어.
⑤ 한충유의 노비로, 만적을 배신한 사람은?
⑥ 주인과 따로 살며, 농사지은 곡식의 일부를 바치고, 주인이 필요한 일을 해 주는 노비는?
⑦ 만적처럼 ○○○○에 정면으로 도전한 사람은 5백 년 고려 역사를 통틀어 다시는 없었다.
⑧ 부당한 일에 맞서 벌떼처럼 일어나는 것을 ○○라 한다.
⑨ 개경에서 노비들이 일으킨 봉기에 앞장선 사람은?

세로 낱말

① 《동국이상국집》에 농민의 삶을 시로 쓴 사람은?
② '현'으로 승격된 공주 명학소의 새로운 이름은?
③ 만적이 노비들에게 나누어 준 종이에 쓰인 글자의 뜻과 음은?
④ 주인집에서 함께 살며 온갖 잡일을 하는 노비는?
⑤ ○○○○이 들어선 직후부터 시작된 농민과 천민의 봉기는 약 백 년간 계속되었다.
⑥ 고려 시대 강진, 부안 지역의 '소'에서 만들던 특산품은?
⑦ 호주의 관직, 녹봉, 자손, 재산, 노비 등을 기록한 문서는?

역사 공감하기

王	侯	將	相
임금 왕	제후 후	장수 장	정승 상
寧	有	種	乎
어찌 녕	있을 유	씨앗 종	어조사 호

"왕후장상의 씨가 어찌 따로 있겠는가?"
이 말은 본래 중국의 역사책인 《사기(史記)》의 진섭세가에 나오는 말이야.
만리장성을 쌓은 진시황제 알지? 진시황제가 죽고 다음 왕이 된 호해는 정치는 잘 못하면서 궁을 크게 짓고 사치와 향락에 빠져 살았대. 당연히 진나라 백성들의 삶은 힘들었을 거야. 그러던 중 가난한 농민들을 국경 지대의 군사로 보내는 일에 진승이라는 사람이 관리로 참여하게 되었어. 그런데 진승이 농민들을 데리고 국경 지대로 가다가 큰비를 만나 도저히 정해진 기한 안에 도착할 수 없는 상황이 된 거야. 당시 진나라에서는 기한을 어기면 모두 죽이도록 법으로 정해져 있었어. 평소 새로운 세상을 만드는 큰 꿈을 키웠던 진승은 함께 가던 농민들을 설득해 봉기를 일으켰어.
"너희는 큰비를 만나 모두 법을 어기게 되었다. 기한을 지키지 못하면 죽임을 당해야 한다. 만약 산다 해도 변방을 지키다 죽는 사람이 10명 중 6, 7명에 달한다. 어찌 돼도 죽는 것이라면 세상에 커다란 이름은 남겨야 하지 않겠는가! 왕후장상의 씨가 어찌 따로 있겠는가? 우리 같은 농민도 왕이 되지 말란 법은 없소. 자, 이 세상을 바꿔 봅시다."
수백 명의 농민들이 진승을 따라 봉기에 참여했어. 하지만 진승은 내부의 분열로 죽게 됐대. 그래도 진승과 그를 따르던 농민들의 뜻은 진나라를 무너뜨리고 다음 나라가 된 한나라에 영향을 미쳤어. 한나라의 황제가 바로 농민 출신이었거든.
그런데 말야, 만적은 이 말을 어떻게 알았을까?

10 농민과 천민들이 몽골과 싸우다

우리는 세계를 정복한 몽골군이다!
고려는 항복하고 조공을 바쳐라.
그렇지 않으면 고려 땅을 쑥대밭으로 만들 것이다!

가자!
강화도로 수도를 옮기자!

우린 못 가!
고려 땅을 지켜야 해!

1232년 최씨 정권 강화도로 천도

1231년부터 1258년까지 몽골과 전쟁

생각 한 걸음

1 세계 역사상 보기 드문 대제국을 이루었고 고려와 30년 동안 전쟁을 치른 나라는 어디인가요?

2 최우와 고려 조정은 몽골군이 쳐들어왔을 때 수도를 개경에서 어디로 옮겼나요?

3 승려 김윤후의 지휘 아래 몽골 장군 살리타를 물리친 전투는 무엇인가요?

4 백 년 만에 무신 정권이 무너지고 왕이 다시 정치의 중심이 된 것을 무엇이라고 하나요?

5 삼별초는 세 부대를 합쳐서 부른 이름입니다. 세 부대의 이름은 각각 무엇인가요?

6 삼별초는 해산하라는 고려 왕의 명령을 어기고 새로운 왕을 세워 진도로 옮겨 갔습니다. 그때 삼별초를 지휘한 우두머리는 누구였나요?

생각 두 걸음

1 다음은 13세기 몽골의 영토를 표시한 지도입니다.

❶ 몽골의 영토를 초록색으로 색칠해 보세요.

❷ 고려를 찾아 빨간색으로 색칠해 보세요.

몽골은 중국 대륙뿐만 아니라 아시아 전부를 손에 넣고 유럽까지 세력을 확장하여, 넓은 땅을 차지한 제국이 되었다. 정복한 지역은 모두 불태우고 사람들을 무자비하게 죽인다는 몽골군에 대한 소문은 이들을 더욱 두려운 존재로 만들었다.

2 다음은 강화도의 모습을 알 수 있는 옛 지도입니다.

❶ 지도에서 개경을 찾아 빨간색으로 동그라미 하세요.
❷ 지도에서 강화도를 찾아 빨간색으로 동그라미 하세요.
❸ 개경에서 강화도로 화살표를 그리고 '천도'라고 쓰세요.

〈대동여지도〉 부분

깊이 생각하기

1 몽골군이 침략했을 때 최우가 개경에서 강화도로 수도를 옮긴 이유는 무엇일까요?

2 약 30년 동안 계속된 고려와 몽골의 전쟁에서 주로 싸운 사람들은 농민과 천민들이었습니다. 이들이 몽골군과 싸운 이유는 무엇일까요?

3 다음은 삼별초가 만들어진 이유와 활동을 나타낸 글입니다. 내용을 참고하여 삼별초의 대몽항쟁을 각자 평가해 보세요.

> 삼별초는 최우가 나라 안에 들끓는 도적을 잡기 위해 만든 특별 부대였다.

▼

> 삼별초는 초기에 무신 정권인 최씨 정권을 보호하는 역할을 했다.

▼

> 원종은 무신 정권이 무너지자 개경으로 돌아간 뒤 삼별초를 해산시키고 삼별초에 속한 사람들의 명단을 압수했다. 이에 삼별초는 반발하여 봉기를 일으켰다.

▼

> 삼별초는 강화도 → 진도 → 탐라로 근거지를 옮기며 4년 동안 고려와 몽골군을 상대로 최후까지 싸웠다.

생각 펼치기

 충주성 전투 독려하는 글쓰기

김윤후가 되어 충주성 전투를 승리로 이끌기 위해 백성과 노비들을 독려하는 글을 써 보세요.

> 충주성 전투는 1253년 몽골이 다섯 번째로 침입했을 때 김윤후의 지휘 아래 충주 백성들이 몽골군에 맞서 승리한 전투이다. 70일이 넘는 전투로 식량과 사기가 떨어져 위기에 몰린 충주 백성들에게 김윤후는 "누구든지 온 힘을 다해 싸우는 사람에게는 귀천의 차별 없이 모두 벼슬을 주겠다."고 말한 뒤 노비 문서를 태워 버렸다.

역사와 뛰놀기

스피드 퀴즈하기

스피드 퀴즈를 풀면서 고려 시대 대몽항쟁을 알아보세요.

방법
1. 문제를 내는 사람과 문제를 맞히는 사람을 정하세요.
2. 문제를 내는 사람은 [활동 자료8] 대몽항쟁 퀴즈 제시어를 보고 설명하세요.
3. 문제를 맞히는 사람은 설명을 잘 듣고 답을 말하세요.
4. 제한 시간 1분 동안 많은 단어를 맞힌 사람이 이깁니다.

★ 문제를 내는 사람과 맞히는 사람 모두 '통과'는 한 번만 사용할 수 있어요.

역사 공감하기

몽골이 고려에 쳐들어왔을 때 목숨 걸고 싸운 사람들은 왕도 귀족도 아닌 농민과 천민들이었어. 평소에는 주어진 일을 묵묵히 하던 이들이 나라에 어려운 일이 생기자 두 팔을 걷고 나선 거야.

1997년 대한민국에 '외환 위기'라는 어려움이 닥쳤어. '외환 위기'란 국가끼리 무역을 할 때, 다른 국가에 빌린 돈을 갚지 못하여 국가 경제가 치명적인 타격을 입는 것을 말해.

이 위기를 극복하는 데 국민들의 역할은 매우 컸어. 그중에서 '금 모으기 운동'은 나라를 생각하는 국민들의 마음을 느낄 수 있었던 좋은 예란다. 수많은 사람들이 갖고 있던 금반지, 금귀고리, 금 숟가락 등을 내놓았어. 외국에 진 나라 빚을 갚는 데 도움을 주기 위해서 말야.

개인과 마찬가지로 국가도 어려움을 겪을 때가 있어. 그 어려움을 이겨내고 다시 일어설 수 있는 힘은 어디서 나올까?

11

고려 사람들의 마음이 담긴 팔만대장경과 상감 청자

총 81258장의 목판

약 5200만 자를 새기다

한 글자 새길 때마다 세 번씩 절하기

부처의 가호를 받아 나라의 위기를 극복하라

800도에서 한 번 굽고, 1300도에서 한 번 더 구워야 볼 수 있는 비색

42개의 원형 안에 구름과 학을 새겨라

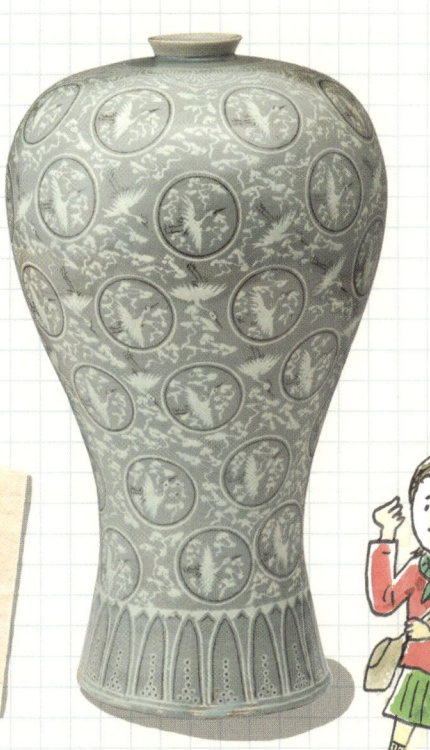

검은 흙 채워 넣으면 검은 문양, 흰 흙 채워 넣으면 흰 문양

원형 안에는 날아오르는 학과 구름, 원형 밖에는 지상으로 향하는 학과 구름

생각 한 걸음

1 불교의 경전을 모아 책으로 만든 것을 무엇이라고 하나요?

2 팔만대장경을 보관해 놓은 곳은 어디인가요?

3 청자를 비롯한 고려의 아름다운 예술품은 어디서 만들었나요?

4 청자의 은은한 푸른색을 무엇이라고 하나요?

5 청자를 만들 때 바탕 재료와 성질이 다르거나 색깔이 다른 물질로 무늬를 넣는 기법을 무엇이라고 하나요?

6 금속 활자로 찍은 책 중에 세계에서 가장 오래된 책은 무엇인가요?

1 다음 그림을 보고 팔만대장경 만드는 순서를 바르게 써 보세요.

ㅁ → ◯ → ㅇ → ◯ → ㅅ → ◯ → ◯ → ㄹ

㉠ 닥나무와 맑은 계곡물로 팔만대장경을 인쇄할 종이를 만든다.

㉡ 한 장씩 찍어 내어 잘못된 글자를 찾는다.

㉢ 잘 손질된 나무에 팔만대장경 내용을 새긴다.

㉣ 마구리를 붙이고 옻칠을 하여 팔만대장경을 완성한다.

㉤ 팔만대장경 제작을 담당할 대장도감(분사대장도감)을 설치한다.

㉥ 판각지로 선정된 남해에 작업장을 설치한다.

㉦ 팔만대장경판에 새길 내용을 종이에 쓴다.

㉧ 팔만대장경판에 쓸 나무를 바닷물에 2년 담그고, 바람에 1년 말린다.

2 다음은 고려 시대 도자기입니다. 도자기를 같은 쓰임새끼리 분류하고 어떻게 쓰였을지 이야기해 보세요.

3 다음은 도자기 이름을 짓는 방법입니다.

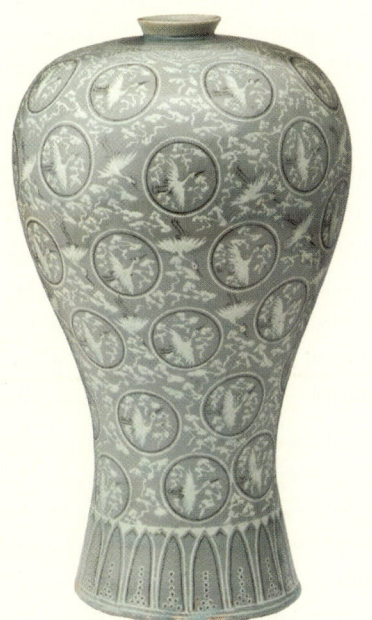

❶ 도자기 이름 짓는 방법에 따라 한자어로 이름을 지어 보세요.

| 도자기 종류 | 무늬 표현 방법 | 무늬 종류 | 그릇 종류 |

❷ 한자어로 지은 도자기 이름을 한글로 바꿔 보세요.

깊이 생각하기

1 송나라는 도자기를 많이 만드는 나라였지만 고려청자를 많이 수입했습니다. 그 이유를 생각해 보세요.

송나라 도자기
백자 흑화 모란 무늬 병

2 고려 시대 사람들은 나라의 위기 때마다 왜 대장경을 만들었을까요?

초조대장경
거란의 침입으로 수도를 거란군에게 함락당하고 왕이 전라남도 나주까지 피난 간 상황에서 만들기 시작했다.

팔만대장경
대구에 있는 절 부인사에 보관되어 있던 초조대장경이 몽골의 침입 때 불타 버리자 초조대장경을 대신하여 새로 만들었다.

3 고려는 금속 활자를 만들 만큼 인쇄술이 발달했지만 백성들에게까지 인쇄술이 널리 퍼지지 못했습니다. 그 이유는 무엇일까요?

생각 펼치기

 고려청자의 아름다움 표현하는 시 쓰기

생각 두걸음 에 있는 청자 중에서 하나를 골라 감상해 보고, 청자의 아름다움을 시로 표현해 보세요.

> 고려청자는 비색으로 대표되는 아름다운 색깔이 그 특징이다. '상감'이라는 기법으로 연꽃무늬, 구름무늬, 학 무늬 등을 새겨 넣었는데 색, 형태, 무늬 등이 조화를 이루어 뛰어난 아름다움을 나타냈다.

역사와 뛰놀기

도장 만들기

비누를 이용해 도장을 만들고 찍어 보세요.

새길 글자 미리 써 보기

생각
책2

준비물

비누, 조각칼, 인주나 물감, 휴지, 연필

방법

1. 새길 글자를 왼쪽 빈칸에 미리 써 보세요.
2. 미리 쓴 글자를 보고 비누에 연필로 쓰세요.
3. 조각칼을 이용해 글씨를 새겨 보세요.
4. 조각한 단면에 인주나 물감을 묻혀서 아래 빈 곳에 찍어 보세요.

★ 날카로운 조각칼은 조심해서 다루세요.

도장을 새길 때는 글자와 반대로 새겨야 해요.

역사 공감하기

고려 시대 상감 청자 중에서 아름답기로 첫손 꼽히는 청자 상감 운학문 매병을 보려면 어디로 가야 할까? 박물관이라고? 아니야. 서울 성북구 성북동에 있는 간송미술관으로 가야 한단다.

이 아름다운 고려청자는 일제 강점기에 도굴꾼에게 도굴되어 일본인 손에 들어갔어. 이를 도로 찾아온 사람이 바로 간송 전형필이란다. 간송은 전형필의 호야. 그는 자기 재산을 털어 비싼 돈을 치르고 이 청자를 샀어.

매우 부자였던 전형필은 일본으로 빠져나간 문화재들을 되찾아오고 보존하는 데 일생을 바쳤어. 문화재를 지키려는 그의 노력이 없었다면 지금 우리가 보고 있는 아름다운 보물들 중에서 상당수는 영영 만날 수 없었을 거야.

전형필은 사들인 문화재들로 미술관을 열었어. 그것이 간송미술관이지.

간송미술관은 매년 5월과 10월에 2주 동안 무료로 공개된단다. 전시 기간이 짧아서 그때마다 관람객들이 몇 시간씩 줄을 서곤 해.

꽃 피는 5월과 낙엽 지는 10월에 아름다운 작품들을 만나 보러 간송미술관에 가지 않을래?

12

《삼국사기》와 《삼국유사》, 두 역사책에 담긴 서로 다른 뜻

책! 책! 책! 책을 읽읍시다!

《삼국사기》

중국의 역사만 아는 선비와 벼슬아치들은
《삼국사기》를 읽어 보세요!
우리 역사에 대해 자세히 알려 주고 있답니다.
이 책에는 고구려, 신라, 백제, 통일 신라의 왕과 귀족,
그리고 보통 사람들의 이야기가 있지요.

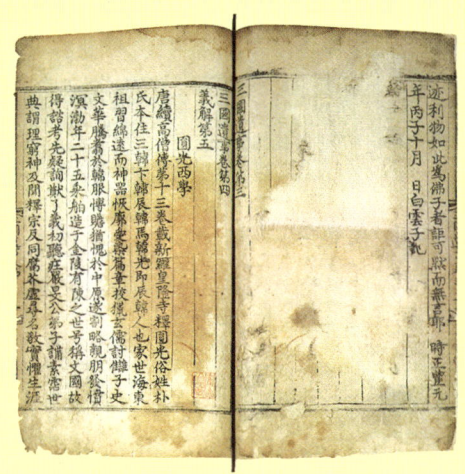

《삼국유사》

전쟁과 몽골의 지배 속에서 고통받는
백성들은 《삼국유사》를 읽어 보세요.
희망을 가질 수 있습니다.
이 책에는 재미있는 이야기가
잔뜩 있어요. 그중에 최고는
단군왕검 이야기지요.

생각 한 걸음

1 인종의 명령을 받아 《삼국사기》를 편찬한 사람은 누구인가요?

2 《삼국사기》가 편찬된 지 약 140년 뒤, 일연 스님이 편찬한 역사책의 이름은 무엇인가요?

3 《삼국유사》에서 가야의 역사가 실려 있는 부분은 어디인가요?

4 나라에서 공식적으로 만든 역사책과 개인이 쓴 역사책을 각각 무엇이라고 하나요?

5 《삼국사기》에 단군왕검의 이야기가 실리지 않은 이유를 써 보세요.

6 역사를 바라보는 눈이라는 뜻으로, 누가 어떤 생각으로 역사를 썼느냐를 가리키는 말을 무엇이라고 하나요?

생각 두 걸음

1 고려 시대에 쓰인 《삼국사기》와 《삼국유사》는 둘 다 삼국 시대를 다룬 역사책이지만 여러 가지 면에서 다릅니다. 두 역사책이 다른 이유를 이야기해 보세요.

김부식(문벌 귀족)

1145년 완성

관찬 사서

인종으로부터 새 역사책을 쓰라는 명령을 받고 만들었다. 유교적 관점에서 《삼국사기》를 썼다.

공자의 가르침에 따라 충과 효를 가장 중요하게 여기고, 믿을 수 없는 괴이한 것은 기록하지 않았다.

일연(승려)

1281년경 완성

사찬 사서

몽골의 지배를 받고 있는 나라와 백성들에게 희망을 주기 위해 자기가 보고 들은 이야기를 책으로 썼다.

《삼국유사》에는 《삼국사기》에 빠진 내용이 많다. 단군왕검 이야기, 가야와 발해의 역사가 실려 있고 전해 내려오는 풍속, 생활, 전설, 노래 등이 많이 실려 있다. 또 불교에 관한 내용이 많이 실려 있다.

2 다음은 세계 여러 나라의 역사에 대한 기록물입니다.

❶ 세계 여러 나라의 기록물들은 어떤 내용을 기록했나요?
❷ 역사를 기록한 다양한 방법에 대해 이야기해 보세요.
❸ 사람들은 왜 이런 기록물들을 남겼을까요?

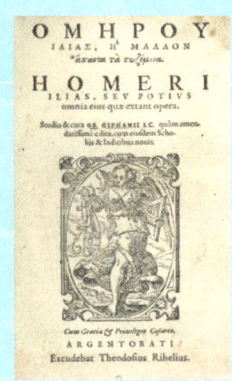

고대 그리스 서사시 《일리아드》(후대 인쇄본)
트로이 전쟁 이야기를 시로 표현했다.

고대 이집트 기록물 로제타 석
이집트의 로제타 지방에서 발견된 이 돌에는 이집트 왕을 칭송하는 내용이 새겨져 있다.

중국 《사기》(후대 인쇄본)
역대 왕들의 업적, 역사적 인물,
각종 제도로 분류하여 기록했다.

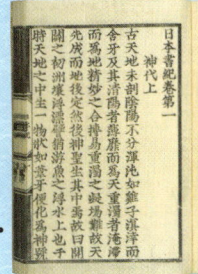
《일본서기》(후대 인쇄본)
역대 왕들 중심으로 기록했다.

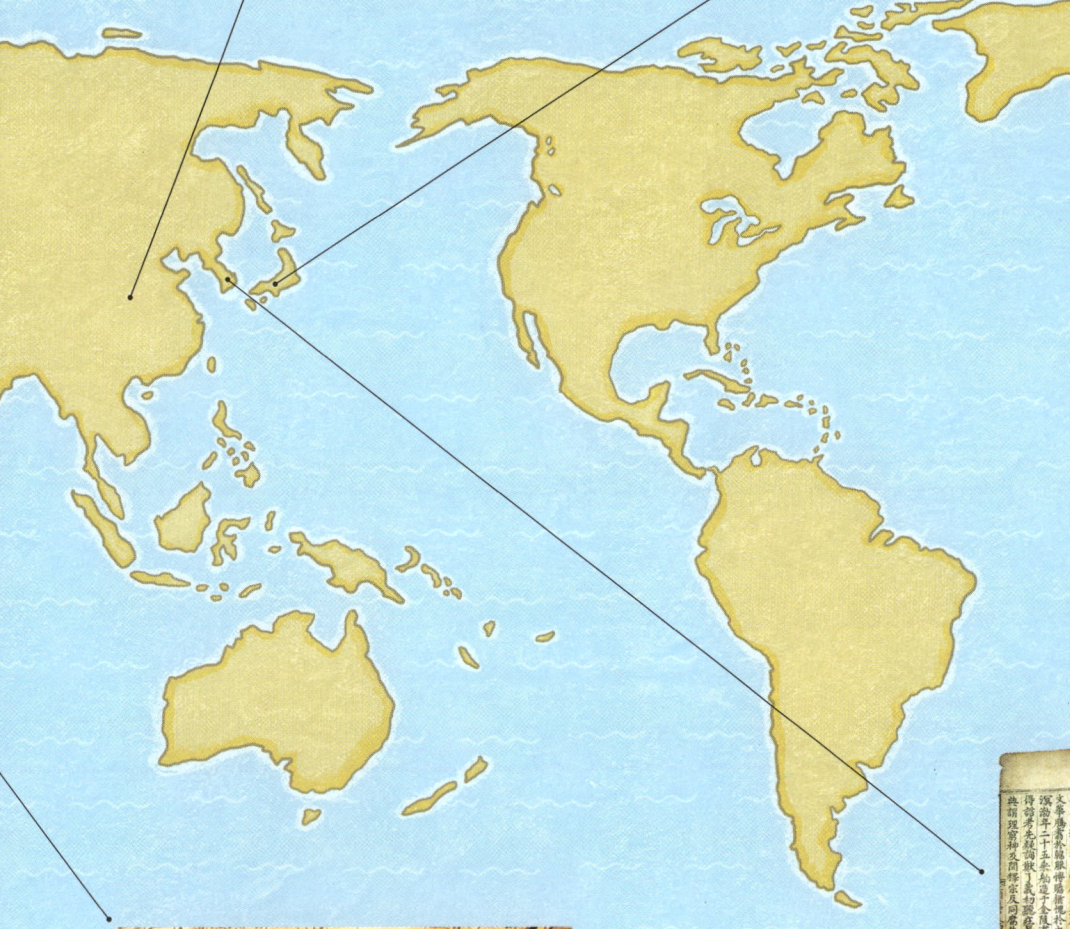

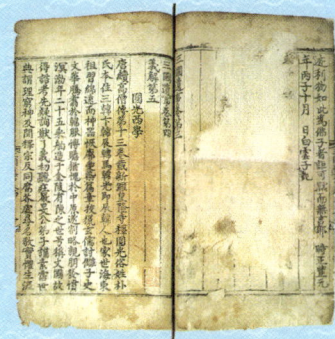
《삼국유사》
역사적 인물, 풍속, 생활, 전설, 노래 등
여러 가지 이야기가 실려 있다.

고대 이집트 파피루스 기록물
파피루스에 당시 사람들의 사상과
종교에 관한 내용이 적혀 있다.

깊이 생각하기

1 역사책을 만들기 위해서는 무엇이 필요할까요?

2 역사를 기록하는 사람이 가져야 할 조건은 무엇일까요?

3 한자 문화권에서 역사를 기록하는 방법에는 아래와 같이 다양한 방법이 있었습니다. 내가 만약 역사를 기록하는 사람이라면, 고려 시대의 역사를 어떤 서술 방식으로 기록할 것인지 정하고 그 이유를 써 보세요.

편년체	기전체	기사본말체	강목체
시간의 순서에 따라 사건을 년, 월, 일로 기록한다.	왕과 위인의 업적을 인물 중심으로 서술한다.	역사를 사건별로 나누어 원인과 발단, 전개 과정, 영향까지 서술한다.	편년체를 기본으로 하고, 사건에 대해 옳고 그름을 평가하는 내용이 들어간다.

생각 펼치기

 나의 역사적 사건 써 보기

가장 기억에 남는 사건을 골라 나의 역사를 써 보세요. 그리고 그 일에 대해 우리 가족은 어떻게 생각하고 있는지도 확인해 보세요.

> **사관 또는 역사관이란** 역사를 바라보는 눈(관점)이라는 뜻이다. 역사는 역사를 쓰는 사람, 쓰는 목적, 쓰는 시대에 따라 다르게 해석될 수 있다. 따라서 하나의 사건을 다양한 시각으로 비교해 보는 것이 역사를 보다 사실적으로 이해하는 데 도움이 된다.

나의 역사적 사건

사건이 일어난 때	년 월 일 (살 때)
사건의 내용	
가족 ( )의 생각	

역사와 뛰놀기

역사책 표지 꾸미기

《삼국사기》와 《삼국유사》의 특징을 살려 표지를 꾸며 보세요.

 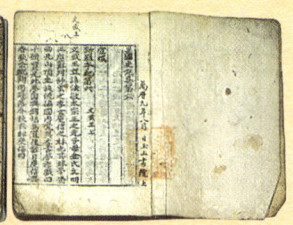 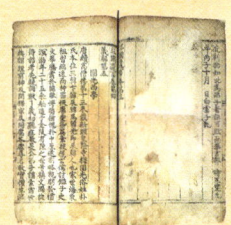

준비물
색연필, 사인펜

방법
1. 《삼국사기》와 《삼국유사》 중 표지를 꾸밀 책을 선택하세요.
2. 책의 특징을 살려 자유롭게 꾸미세요.

역사 공감하기

지금은 2200년이야. 한 역사학자가 오래된 문서들을 뒤적이다가 한 권의 일기장과 한 장의 메모를 발견했어. 역사학자는 떨리는 손으로 일기장을 펼쳤어. 2012년이라고 씌어 있고, 일기를 쓴 학생의 소속 학교 이름도 적혀 있어. 200여 년이라는 시간이 무색할 정도로 표지도 깨끗하고 보관 상태가 아주 좋아. 또 한 장의 메모는 가족 간의 약속을 쓴 문서처럼 보여. 지켜야 할 사항이 적혀 있고, 약속하는 사람의 이름과 서명이 있어. 맨 아랫줄의 날짜를 보고 역사학자는 또 한 번 깜짝 놀랐어. 2013년 11월 10일!

만일 이 두 개의 사료가 진품이라면…… 오늘 이 역사학자는 늦게까지 잠들기 힘들 것 같구나.

다음 날 아침, 역사학자는 유물로 추정되는 두 개의 문서를 가지고 연구실로 갔어. 최신식 연대 측정기 안에 유물을 넣고 연대를 측정했지. 계기판의 숫자가 각각 2012년과 2013년을 가리켰어. 위조된 문서는 아니라는 얘기지. 두근거리는 가슴을 누르며 역사학자는 일기장을 펼쳤어. 그리고 재미있는 내용을 발견했어. 제목은 '영어 학원이 없는 세상에서 살고 싶다.' 이 학생이 살던 시대에는 영어라는 외국어를 꼭 공부해야 했나 봐. 영어 학원에서 서너 시간씩 공부하고 집에 오면 단어를 30개씩 외워야 해서 스트레스가 심하다는 내용의 일기야. 지금은 이어폰만 착용하면 다른 나라 사람과 의사소통이 가능하기 때문에 이런 고민은 아무도 안 하는데.

다음은 가족 간의 약속이 적힌 메모를 살펴보았어. 아무래도 가족 중 가장 권력이 센 사람이 쓴 것 같아. "평일에는 컴퓨터 게임 금지. 단, 주말에도 3시간 이상은 절대 안 됨." 역사학자는 바로 눈치챘지. 이렇게 금지하는 명령을 내렸다는 건 그것이 잘 지켜지지 않고 있다는 뜻임을 말이야. 이름을 쓰고 서명을 한 사람은 분명히 컴퓨터 게임을 매일매일 했던 게 틀림없어.

여기까지 연구했는데 벌써 밖이 어두워졌네. 이제는 역사학자도 집으로 돌아가야 할 시간이야. 아직 다 보지 못한 일기가 너무도 궁금하지만, 오늘은 여기까지 해야 해. 집에 늦게 들어가면 아내가 잔소리를 늘어놓을 것이 분명하니까.

13 공민왕의 개혁 정치

생각 한 걸음

1 몽골의 눈치를 보며 앞잡이 노릇을 한 사람들과, 몽골과 가까이 지내려 한 사람들을 각각 무엇이라고 부르나요?

2 고려 왕의 이름 앞에 '충' 자를 붙인 이유는 무엇인가요?

3 강제로 고려에서 원나라로 끌려간 처녀들을 무엇이라고 부르나요?

4 고려에 들어온 몽골의 풍습과 몽골에 전해진 고려의 풍습을 각각 무엇이라고 하나요?

5 공민왕이 사부로 삼고 개혁을 맡긴 사람은 누구인가요?

6 공민왕과 신돈이 토지와 백성의 소속을 바로잡기 위해 세운 관청의 이름은 무엇인가요?

생각 두걸음

1 다음은 고려 후기 영토 지도입니다.

❶ 쌍성총관부, 동녕부, 탐라총관부가 있던 곳에 동그라미 하세요.
❷ 공민왕 즉위 당시의 국경을 빨간색으로 그려 보세요.
❸ 공민왕 말기의 국경을 파란색으로 그려 보세요.

여진

원

함주

서경

고려

쌍성총관부
원나라가 화주 이북을 직접 통치하기 위해 설치한 기관

동녕부
원나라가 자비령 이북을 직접 다스리기 위해 서경에 두었던 기관

탐라총관부
원나라가 제주도를 직접 통치하기 위해 설치한 기관

탐라

일본

2 다음 고려 시대의 유물을 보고 알 수 있는 것을 이야기해 보세요.

기마도강도
말을 타고 얼어붙은 강을 건너 사냥을 떠나는 인물들이 몽골 옷인 호복을 입고 있다.

금동관음보살좌상
원나라와 티베트 불교의 영향이 엿보인다.

경천사지 10층 석탑
원나라와 티베트 불교의 영향을 받아 만들어졌다.

천산대렵도
고려 제 31대 공민왕이 직접 그렸다고 전해지는 그림으로, 사냥하는 모습을 표현하고 있다. 변발을 한 무사의 모습이 보인다.

패자
고려와 원나라 사람들이 서로 오갈 때, 역참을 이용하기 위해 필요했던 물건이다.

3 다음은 고려와 원나라 사이의 문화 교류와 관련된 그림들입니다.

❶ '고려양'을 찾아 빨간색으로, '몽골풍'을 찾아 파란색으로 동그라미 하세요.
❷ 고려와 원나라에서 서로의 문화가 유행한 이유는 무엇일까요?

연지곤지 / 잣 / 소주 / 족두리 / 태평소 / 고려풍 복식 / 원삼 / 고려풍 무늬과자 / 타래과 / 설렁탕

깊이 생각하기

1 원 간섭기에 고려의 왕은 원나라 공주와 결혼을 했습니다. 이러한 관계가 고려의 왕이 나라를 다스리는 데 어떤 영향을 주었을지 생각해 보세요.

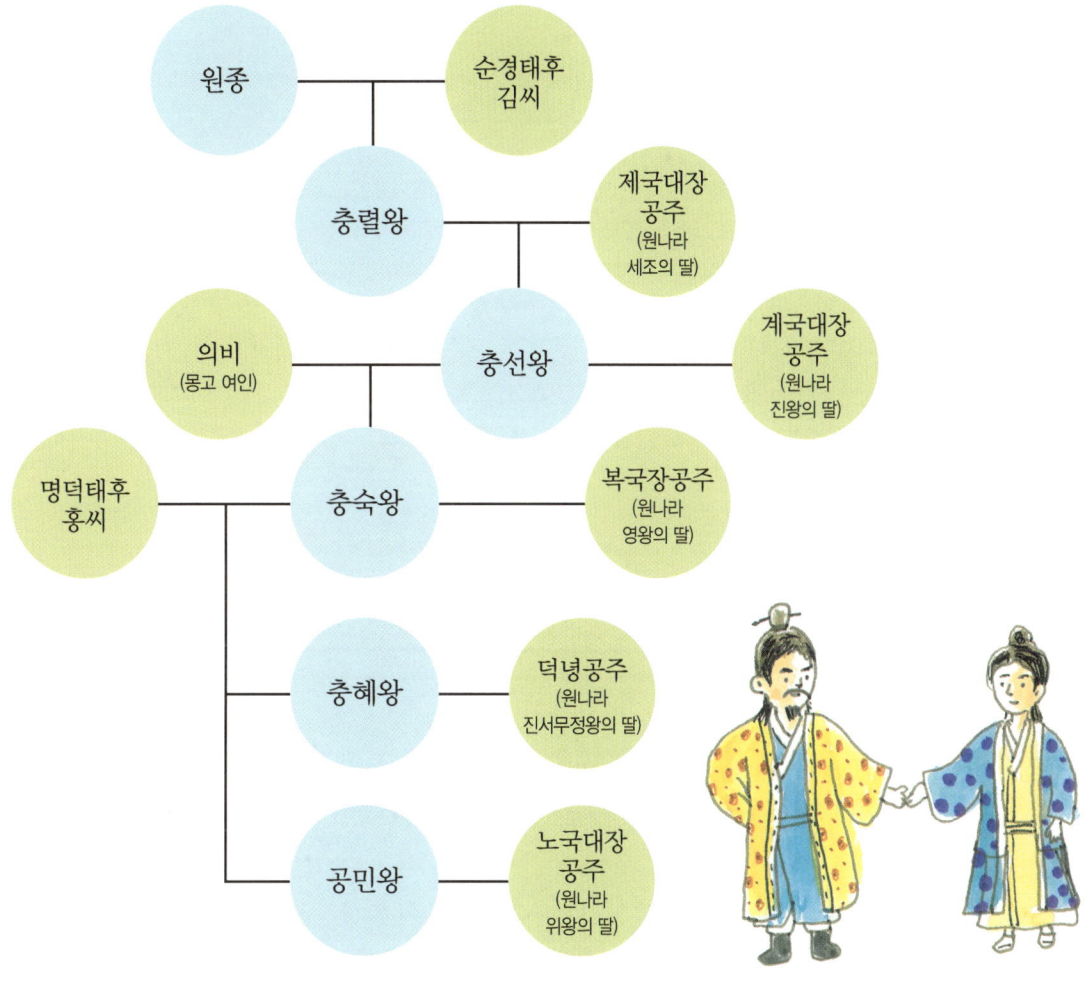

2 원 간섭기의 고려는 자주적인 나라였다고 생각하나요? 아니면 속국이었다고 생각하나요? 다음 글을 읽고 자신의 생각을 이야기해 보세요.

- 원나라는 자신들 마음대로 고려의 왕을 바꿀 수 있었다.
- 고려 왕의 이름에 원나라에 충성한다는 '충' 자를 붙여야 했다.
- 고려는 나라 이름을 사용할 수 있었고 왕도 있었다.
- 고려 고유의 풍습을 유지할 수 있었다.

3 다음은 공민왕이 펼친 개혁 정책입니다. 내가 공민왕이라면, 어떤 정책을 가장 중요하게 생각할지 고르고, 그 이유를 써 보세요.

- 몽골 옷을 벗어 버리고 머리 모양도 변발에서 고려식으로 바꾸었다.
- 부원배의 우두머리인 기철과 그 집안사람들을 쫓아냈다.
- 원나라로 공녀를 보내는 일을 중단시켰다.
- 원나라 땅이 되어 있던 철령 이북을 공격하여 되찾았다.
- 신돈을 중심으로 전민변정도감을 설치하였다. 친원파들에게 억울하게 빼앗겼던 토지를 백성들에게 돌려주고 강제로 노비가 되었던 사람들을 양인의 신분으로 회복시켜 주었다.

생각 펼치기

 공민왕의 편지 쓰기

공민왕이 되어 신돈에게 개혁을 함께 해 보자는 내용의 편지를 써 보세요.

역사와 뛰놀기

타래과 만들기

고려 시대 사람들이 만들어 먹었던 타래과를 만들어 보세요.

준비물
밀가루(박력분) 4컵(440g), 소금 1작은 술, 생강즙 1/3컵, 물 약간, 튀김 기름, 체, 칼

★ 칼을 사용하거나 반죽을 기름에 튀길 때, 아이들이 다칠 수 있으므로 조심해 주세요!

타래과는 유밀과의 한 종류로 매자과, 매작과라고도 한다. 유밀과는 고려 시대에 연등회, 팔관회 같은 불교 행사 음식으로 많이 쓰였으며 원나라에 전해지기도 했다.

만드는 방법

① 밀가루에 소금을 넣고 섞은 뒤에 체에 걸러 주세요.

② 밀가루에 생강즙을 넣어 주세요. (밀가루에 치자 가루, 녹차 가루 등을 넣으면 다양한 색깔의 타래과를 만들 수 있어요.)

③ 밀가루에 물을 넣고 반죽을 해 주세요.

④ 밀가루 반죽을 얇게 밀고 적당한 크기로 직사각형 모양으로 만들어 주세요.

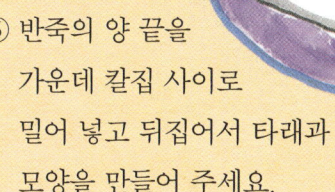

⑤ 잘라진 반죽에 칼집을 3개씩 넣어 주세요.

⑥ 반죽의 양 끝을 가운데 칼집 사이로 밀어 넣고 뒤집어서 타래과 모양을 만들어 주세요.

⑦ 모양이 완성되면 기름에 튀겨 주세요.

완성

타래과를 꿀에 찍어 먹으면 더 맛있어요.

역사 공감하기

얼마 전 반가운 소식을 들었어. 2013년 6월에 개성역사유적지구가 유네스코 세계 유산으로 지정되었다는 소식이야. 개성역사유적지구에는 개성 성곽, 개성 남문, 만월대, 첨성대, 성균관, 숭양서원, 선죽교, 표충비, 왕건릉 등이 있단다. 그리고 쌍릉이라고 불리는 공민왕과 노국대장공주의 무덤도 있어. 공민왕릉의 이름은 현릉이고 노국대장공주의 무덤은 정릉인데, 마치 쌍둥이처럼 붙어 있어. 노국대장공주를 매우 사랑했던 공민왕이 아이를 낳다가 세상을 떠난 왕비를 위해 자신의 무덤과 함께 만들었다고 하는구나. 무덤 내부에는 작은 구멍이 뚫려 있는데, 아마도 영혼이 오가는 길이라고 생각하고 만들어 두었나 봐. 죽어서도 함께하고 싶은 공민왕의 사랑을 느낄 수 있어. 어서 빨리 통일이 되어 남한 학생들은 개성역사유적지구로 수학여행을 떠나고, 북한 학생들은 경주로 수학여행을 떠나는 날이 오면 좋겠다.

공민왕과 노국대장공주 무덤

14
목화씨와 화약

생각 한 걸음

1 원나라에서 목화씨를 들여와 백성들의 의생활에 획기적인 변화를 준 사람은 누구인가요?

2 목화가 들어오기 전 백성들과 귀족들은 무엇으로 만든 옷을 입었는지 각각 써 보세요.

3 문익점과 함께 목화씨를 심어 기른 사람은 누구인가요?

4 최무선은 실험을 거듭하면서 마침내 무엇을 발명했나요?

5 화약의 원료 세 가지는 무엇인가요?

6 최무선이 왕에게 상소를 올려 설치된 것으로, 화약과 화통을 만들었던 관청의 이름은 무엇인가요?

생각 두 걸음

1 다음은 목화로 무명을 만드는 순서입니다. 쓰임에 맞게 물건 스티커를 붙여 보세요. ([활동 자료3] 활용)

㉠ 씨앗기
목화송이를 씨아에 넣어 씨를 빼낸다.

㉡ 활타기
솜에 활줄을 넣어 솜을 부드럽게 만든다.

㉣ 실잣기
물레로 고치를 자아 실을 만든다.

㉢ 고치말기
솜을 밀대로 말아 고치를 만든다.

㉤ 무명 날기
무명실 뭉치로 날실을 준비한다.

㉥ 무명 매기
실에 풀칠을 하면서 말려 도투마리에 감는다.

㉦ 무명 짜기
베틀에서 실을 짜서 무명을 짠다.

3 다음은 14세기에 동아시아에서 사용된 무기입니다.

❶ 화약을 이용하는 무기를 찾아 동그라미 하세요.
❷ 화약을 이용하는 무기의 장점을 이야기해 보세요.

깊이 생각하기

1 문익점은 세상을 떠난 이후, 조선 시대에도 업적을 높이 평가받았습니다. 그 이유는 무엇일까요?

태조	태종	세조	명종
문익점에게 높은 벼슬과 강성군의 봉호를 내렸다.	문익점의 아들인 문중용에게 벼슬을 내렸다.	문익점을 기리는 사당을 세워 해마다 두 차례씩 제사를 지내게 했다.	문익점의 위패를 모셔 둔 서원에 '도천'이라는 이름을 지어 주었다.

2 고려 말 홍건적과 왜구의 잦은 침입은 고려에 어떤 영향을 미쳤을까요?

3 문익점은 목화를 들여왔고, 최무선은 화약을 발명했습니다. 당시 백성들의 삶에 어떤 것이 더 도움을 주었을지 선택해 보고, 그 이유를 써 보세요.

생각 펼치기

 고려 가요 써 보기

일 년 열두 달을 노래한 고려 가요 '동동'처럼 각 달의 특징을 살린 나만의 고려 가요를 써 보세요. '아으 동동 다리'와 같이 재미있는 후렴구도 만들어 보세요.

고려 가요는 고려 시대 평민들이 생활 속에서 느낀 감정을 솔직하게 표현해 불렀던 노래이다. 대부분의 고려 가요에는 후렴구가 들어간다.

동 동

원문	해석
1월 정월 나릿 므른 아으 어져 녹져 하논대 누릿 가온대 나곤 몸하 하올로 녈셔 아으 동동다리	정월 냇물은 아아, 얼려 녹으려 하는데 세상에 태어나서 이 몸이여, 홀로 살아가는구나.
7월 칠월 보로매 아으 백종 배하야 두고 너믈 한대 녀가져 원을 비잡노이다 아으 동동다리	칠월 보름에 아아, 여러 가지 제물을 벌여 놓고 님과 함께 살아가고자 소원을 빕니다.
11월 슬할사라온뎌 고우닐 스싀옴 녈셔 아으 동동다리	너무 슬프도다 사랑하는 임과 제각기 살아 가는구나

역사와 뛰놀기

색종이로 옷감 짜기

색종이를 이용해 옷감을 짜고 옷을 만들어 보세요.

준비물
저고리 본([활동 자료9] 활용), 색종이(색깔별로), 칼, 자

만드는 방법

① [활동 자료9]의 윗부분을 저고리 모양대로 구멍이 뚫리도록 오려 내세요.

② 색종이는 1cm 두께로 길게 잘라서 여러 개 준비하세요.

③ [활동 자료9]에서 아랫부분은 자르는 선을 따라 자를 대로 칼로 선을 그어 주세요.

④ 잘라 놓은 색종이를 번갈아 가면서 엮어서 옷감 짜기를 해 주세요.

⑤ 옷감 짜기를 한 후 저고리 본을 반으로 접어 포개면 완성!

역사 공감하기

㉠ 화가 들어오기 전에, 삼베와 칡넝쿨로 옷을 지어 입던 우리는 추웠네.
㉡ 려한 비단옷, 따뜻한 가죽옷은 우리의 차지가 아니었지.
㉢ 앗 몇 알은 고려 땅에 뿌리를 내려 무명옷이 되어서 우리를 감싸 주었고,
㉣ 틈으로 차가운 겨울바람이 들어올 때도 목화솜을 넣은 이불만 있으면 되었네.
㉤ 숙하게 따뜻한 솜저고리를 입고, 추위에 떨지 않을 수 있는 건 모두 목화 덕분이지.
㉥ 점 살기 좋아지겠지. 점점 나아지겠지.

㉮ 약이 발명되기 전에, 왜구와 홍건적의 침입으로 우리는 괴롭고 두려웠네.
㉯ 했던 우리가 강해질 수 있었던 이유는 화약 때문이었어. 머리카락이 백발이 되도록
㉰ 선을 다해, 화약의 발명에 일생을 바친 최무선의 노력이
㉱ 섭고 두려웠던 왜구를 물리칠 수 있는 힘이 되어
㉲ 조 때부터 이어온 우리나라를 지킬 수 있게 하였네.

사진 자료

국립대구박물관 칠곡 송림사 오층전탑 사리장엄구 014 | 국립민속박물관 족두리, 태평소 134 날틀, 물레, 베틀, 씨아, 활 활동 자료3 | 국립중앙박물관 금장식품 014 초조대장경 목판 인쇄본 044 동국통보, 해동통보 053 금동 대세지보살 좌상 063 조반 초상, 조반 부인 초상 073 조롱박 모양 병, 청자 상감퇴화 풀꽃 무늬 주전자와 받침, 청자 투각 칠보 무늬 향로, 청자 투각 용머리 장식 붓꽂이, 청자 모란구름 학 무늬 베개, 청자 상감 국화문 잔, 청자 모란 무늬 항아리, 청자 구형 주전자, 청자 탁잔, 청자 죽절 모양 반, 청자 주전자 및 받침, 청자 도철무늬 향로, 청자 투각 칠보 무늬 향로, 청자 구형 연적, 청자 오리 모양 연적, 청자 상감 대나무 학 무늬 매병, 청자 참외 모양 병(청자소문과형병), 청자 양각 모란무늬 수막새, 청자 거북등무늬 상자, 청자 상감 운용문 편호, 고려청자 상감 모란문 표형 병 114 백지 흑화 모란 무늬 병 116 천산대렵도 134 기마도강도, 경천사지 10층 석탑 134 청자 투각 의자, 신선 무늬 거울, 모란 넝쿨무늬 거울걸이, 귀면 청동로, 은제 연꽃 넝쿨무늬 합, 국자, 조롱박 모양 병 활동 자료2 | 국립진주박물관 묘길상탑기 014 | 국립청주박물관 먹 활동 자료1 | 국립해양유물전시관 청자철회모란당초문장구 활동 자료1 | 국립화폐금융박물관 소은병, 동국중보, 베, 지원통행보초 053 | 간송미술관 청자상감운학문매병 111 | 삼성미술관 leeum 통일신라 장식 빗 014 청자 쌍사자 무늬 베개 114 | 호암미술관 아집도대련 034 | 강원대학교중앙박물관 도투마리 활동 자료3 | 경희대학교중앙박물관 고총통 145 쌍사자 등잔대 활동 자료2 | 고려대학교박물관 척경입비도 018 | 서울대학교규장각한국학연구원 대동여지도 104 | 성균관대학교박물관 소무 134 | 육군박물관 부산진순절도 048 | 전쟁기념관 해마기, 상기, 웅준기 019 귀주 대첩 기록화 048 쇠뇌, 각궁 145 | 전주부채연구소(무형문화재 박인권) 고려 시대 합죽선(재현품) 활동 자료1 | 한국콘텐츠진흥원 문화콘텐츠닷컴 www.culturecontent.com l c2k솔루션즈 제공 세발솥 활동 자료2 | 연합뉴스 덕주사 마애여래입상, 제비원 미륵불상 063 | 강성철 완도 청해진 018 금산사 023 중원 미륵대원터 석불, 견훤릉, 개태사 활동 자료5 | 월제 혜담 스님 수월관음도 재현품 064 | 홍영의 홍국사 석탑 044 남대가 058 관촉사 석조미륵보살 088 박익의 무덤 벽화 073 공민왕릉 문신상과 무신상 084 신숭겸 묘, 견훤산성 활동 자료5 | 연두와파랑 단청 활동 자료7 | 블로거 안호용 운악산 활동 자료5 | 책과함께 부석사 023 경순왕릉, 용미리 석불상 063 대장경판(복제품) 111 질려포통 145 | 위키커먼스

도서출판 책과함께는 이 책에 실은 모든 도판 자료의 출처와 저작권자를 찾아 허락을 받기 위해 최선을 다했습니다.
허가를 받지 못한 일부 도판은 저작권자가 확인되는 대로 사용 허가를 받고 일반적인 사용료를 지불하겠습니다.

《한국사 편지》와 《한국사 편지 생각책》 권별 차례

한국사 편지 1권
원시 사회부터 통일 신라와 발해까지

01 우리나라에는 언제부터 사람이 살았을까?
02 신석기 시대 사람들은 어떻게 살았을까?
03 청동기 시대와 최초의 나라, 고조선
04 고조선 사람들은 어떻게 살았을까?
05 고조선 다음에는 어떤 나라들이 있었을까?
06 삼국과 가야의 건국 이야기
07 동북아시아를 주름잡은 파워 고구려
08 세련된 문화의 나라, 백제
09 삼국 문화의 키워드, 불교
10 삼국 시대 사람들은 어떻게 살았을까?
11 신라는 어떻게 통일을 하였을까?
12 골품의 나라, 신라
13 신비의 나라, 발해

한국사 편지 3권
조선 건국부터 조선 후기까지

01 조선은 어떻게 건국되었나?
02 새 도읍지 한양
03 세종이 한글을 만든 진짜 이유
04 관리를 어떻게 뽑았을까?
05 조선 시대 사람들은 어떻게 살았을까?
06 성리학의 나라, 조선
07 사림의 등장과 '사화'
08 조선 시대 사람들의 의식주
09 조선 시대의 신문과 책
10 조선의 3대 도적
11 임진왜란이 터지다
12 청나라의 침입, '호란'
13 당쟁은 왜 일어났을까?
14 울릉도와 독도를 지킨 안용복

한국사 편지 4권
조선 후기부터 대한제국 성립까지

01 정조와 화성 신도시 건설
02 실학자들의 꿈
03 변화하는 농촌과 시장
04 피어나는 서민 문화
05 조선 시대 부부의 사랑과 결혼
06 김정호와《대동여지도》
07 일어서는 농민들
08 서학과 동학
09 쇄국과 개화의 갈림길
10 나라의 문을 열다
11 '3일 천하'로 끝난 갑신정변
12 전봉준과 동학 농민 운동
13 명성 황후, 그 비극의 죽음
14 개항 후 달라진 생활

한국사 편지 5권
대한제국부터 남북 화해 시대까지

01 나라를 빼앗기다
02 나라를 지키려는 몸부림
03 만주를 뒤흔든 구국의 총소리
04 이천만 동포여, 일어나거라
05 독립군의 두 별, 홍범도와 김좌진
06 방정환과 '어린이날'
07 관동대학살과 연해주 강제 이주
08 근대 역사학의 아버지 신채호
09 임시 정부의 밑거름이 된 이봉창과 윤봉길
10 세계를 놀라게 한 조선인들
11 끌려간 젊음과 비굴한 친일파
12 해방, 그러나 남북으로 갈린 나라
13 38선을 넘는 김구
14 민족을 둘로 가른 전쟁 6·25
15 경제 성장의 빛과 그늘
16 민주주의를 위하여
17 통일을 위한 만남

모두 모여라~!
'한국사 편지 생각책' 공식 커뮤니티

《한국사 편지 생각책》을 공부하는 독자들을 위해 공식 온라인 카페를 운영하고 있습니다.
역사를 공부하면서 어떤 활동을 했고, 어떤 즐거움이 있었는지 다양한 정보를 공유해 보세요.

http://cafe.naver.com/cumlibro

역사 워크북, 어떻게 지도해야 할지 모르겠어요.

생각샘 선생님들의 워크북 활용법, 학습 지도법이 카페를 통해 공개됩니다. 체험단의 활동 리뷰와 다른 엄마들과 선생님들의 활용 정보도 공유하세요.

공부를 하다 보니 이런 게 궁금해요!

역사 공부를 하면서 마주친 궁금한 것들《한국사 편지 생각책》의 저자 박은봉·생각샘 선생님들께 직접 물어보고 피드백을 받아 보세요.

제가 잘하고 있는 건가요?

체험단의 활동 리뷰와 함께 친구들이 어떤 생각을 펼쳤는지, 어떤 부분에서 어려움을 느끼고 해결했는지 확인해 볼 수 있습니다. 자신의 참신하고 재미있는 답변과 활동 결과물을 공유해 보세요.

역사와 역사 공부에 대해 이야기해 봐요.

역사에 대해 각자의 고민과 생각을 자유롭게 이야기하며 토론해 보세요. 역사를 쉽게 접할 수 있는 방법이나 부모님, 친구들과 함께할 수 있는 현장 체험에 대한 정보도 나누어 보세요.

★1권을 공부한 학생들이 어떤 결과물을 올렸을까요? 지금 카페에 가입해서 확인해 보세요.

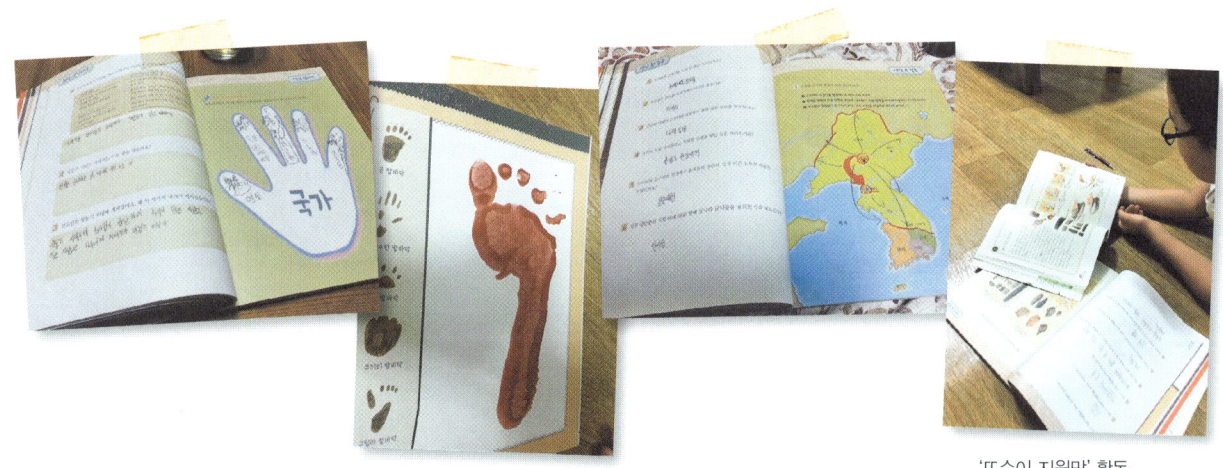

'또순이 지원맘' 활동

더 알고 싶어요!

《한국사 편지 생각책》 2권을 공부하면서 궁금했던 점, 어려웠던 부분, 더 알고 싶은 역사 이야기가 있었나요?
잊지 말고 적어 두었다가 '한국사 편지 생각책' 공식 카페에 질문을 올려 봅시다.

질문1

질문2

질문3

2권을 마친 소감

스스로 생각하고 놀면서 공부하는 역사 워크북
한국사 편지 생각책 2

1판 1쇄 2014년 7월 15일
1판 12쇄 2023년 5월 10일

글 | 박은봉·김선주·김효정·윤영내·이미나·이진희·정현숙
그림 | 김중석

펴낸이 | 류종필
편집 | 박병익
마케팅 | 이건호
경영지원 | 김유리
디자인 | 권석연, 남경민

펴낸곳 | (주)도서출판 책과함께
　　　주소 (04022) 서울시 마포구 동교로 70 소와소빌딩 2층
　　　전화 (02) 335-1982
　　　팩스 (02) 335-1316
　　　전자우편 prpub@daum.net
　　　블로그 blog.naver.com/prpub
　　　등록 2003년 4월 3일 제2003-000392호

이 책의 저작권은 지은이 박은봉·김선주·김효정·윤영내·이미나·이진희·정현숙과 그린이 김중석, (주)도서출판 책과함께에 있습니다.
이 책의 내용을 이용하려면 저작권자와 출판사에게 모두 서면 동의를 받아야 합니다.
잘못된 책은 구입하신 서점에서 바꾸어 드립니다.

ISBN 978-89-97735-45-7 74900
ISBN 978-89-97735-34-1 (세트)

스스로 생각하고 놀면서 공부하는
역사 워크북 **2**

한국사 편지
생각책
활동 자료

가위와
색연필 등을
준비해 주세요.

[활동 자료1] 고려와 송나라 수출입품 스티커 (5단원 생각 두 걸음) 1

[활동 자료2] 귀족과 평민이 쓰는 물건 스티커 (7단원 생각 두 걸음) 1

[활동 자료3] 목화로 무명 만들기 물건 스티커 (14단원 생각 두 걸음) 1

[활동 자료4] 청해진 깃발 (1단원 역사와 뛰놀기) 2

[활동 자료5] 유적지 안내문 (2단원 역사와 뛰놀기) 2~3

[활동 자료6] 정자 마루, 덮개, 바퀴, 기둥 (3단원 역사와 뛰놀기) 4~6

[활동 자료7] 단청 문양 (6단원 역사와 뛰놀기) 7

[활동 자료8] 대몽항쟁 퀴즈 제시어 (10단원 역사와 뛰놀기) 8

[활동 자료9] 저고리 본 (14단원 역사와 뛰놀기) 9

[활동 자료1] 5단원 생각 두걸음 2번 문제 (생각책 054쪽)

고려와 송나라 수출입품 스티커

[활동 자료2] 7단원 생각 두걸음 2번 문제 (생각책 074쪽)

귀족과 평민이 쓰는 물건 스티커

[활동 자료3] 14단원 생각 두걸음 1번 문제 (생각책 143쪽)

목화로 무명 만들기 물건 스티커

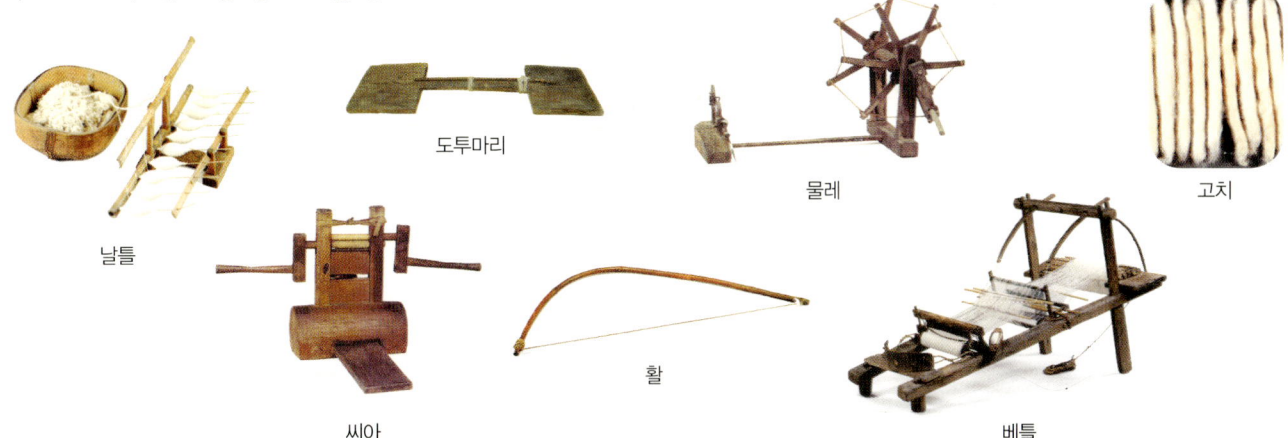

[활동 자료4] 1단원 역사와 뛰놀기 청해진 깃발 만들기 (생각책 018쪽)

청해진 깃발

[활동 자료5] 2단원 역사와 뛰놀기
가이드북 만들기 (생각책 028쪽)

유적지 안내문

개태사

충남 논산시
연산면 천호리
충청남도 기념물
제44호

왕건이 후백제를 무너뜨리고 후삼국을 통일한 기념으로 세운 절이다. 이 절에는 천여 명이 먹을 음식을 만들었다는 거대한 가마솥이 있다. 세종 10년(1428)에 현재 위치로 옮겨 지었다.

금산사

전북 김제시
금산면 모악산

모악산에 자리한 금산사는 백제 법왕 2년(600)에 지은 절로 신라 혜공왕 2년(766)에 진표율사가 다시 지었다. 금산사 미륵전은 국보 제26호이다. 견훤은 아들들 사이의 왕위 다툼으로 이곳에 갇혀 있다가 3개월 만에 탈출해 왕건에게 도움을 청했다.

부석사

영주시 부석면
북지리
포천시 향토유적
제36호

신라 문무왕 때 의상대사가 세운 절이다. 전하는 얘기에 따르면, 궁예는 이 절에 걸려 있던 신라왕의 초상을 칼로 베어 버렸다고 한다. 부석사에는 무량수전을 포함해 국보 6개, 보물 5개가 있다.

[활동 자료5] 2단원 역사와 뛰놀기 가이드북 만들기 (생각책 028쪽)

유적지 안내문

보개산성
포천시 관인면 중리
포천시 향토유적 제36호

연천군, 포천군, 철원군이 서로 만나는 지점에 있는 산성이다. 매우 험준한 보개산에 있어 보개산성으로 불린다. 궁예가 왕건에게 쫓겨 피한 곳이라고 전해진다. 현재 많은 부분이 훼손되고 일부분만 남아 있다.

운악산
경기도 가평군 하면

운악산에는 궁예가 왕건에게 쫓겨난 뒤 피신해 있었다고 전해지는 석굴이 있다. 또 궁예가 세웠다는 운악산성의 일부분이 남아 있다.

견훤릉
충남 논산시 연무읍 금곡리
충청남도 기념물 제26호

견훤의 능이라고 전하는 무덤이다. 1970년 견씨 집안에서 '후백제 왕 견훤릉'이라고 새긴 비석을 세웠다.

명성산
경기도 포천시 영북면 명성산

명성산은 울음산이라는 뜻이다. 궁예가 왕건에게 쫓겨난 후 이 산에 머무르며 기회를 노리다가 힘이 부족함을 깨닫고 군사들을 해산시키자 부하들이 슬피 울었다고 한다. 산꼭대기에는 궁예가 앉았다는 바위가 있다.

경순왕릉
경기 연천군 장남면 고랑포리
사적 제244호

신라의 마지막 왕 경순왕의 무덤이다. 신라 왕릉 중 유일하게 경주 지역을 벗어나 경기도에 있다.

동고산성
전북 전주시 완산구 대성동
전라북도 기념물 제44호

동고산성은 통일 신라 시대에 쌓은 산성이다. 이곳은 예로부터 후백제를 세운 견훤왕의 궁성 터였다고 전해지고 있다.

신숭겸 묘
강원도 춘천시 서면 방동리
강원도 기념물 제25호

신숭겸은 후백제와 싸운 공산 전투에서 왕건을 피신시키고 왕건의 옷을 입고 싸우다가 전사했다. 왕건은 후백제군이 베어 간 신숭겸의 머리를 대신해 황금으로 머리를 만들어 장사 지냈다. 도굴당할 것을 염려하여 무덤을 3개 만들었다고 한다.

미륵대원 석불
충청북도 충주시 수안보면 미륵리
사적 제317호

신라가 망한 뒤 덕주공주가 월악산에 덕주사를 짓고 마애불을 만들자, 마의태자는 이곳에 석불을 만들어 덕주사를 바라보게 했다고 한다.

견훤산성
경북 상주시 화북면 장암리
경상북도 기념물 제53호

경북 상주시 장암리의 북쪽에 있는 장바위산 정상부를 에워싼 산성으로, 견훤이 쌓았다 해서 견훤산성이라 불린다. 상주 지역에는 견훤과 관련 있는 이름을 가진 성들이 여럿 있다.

3

[활동 자료6] 3단원 역사와 뛰놀기 사륜정 만들기 (생각책 038쪽)

정자 마루

[활동 자료6] 3단원 역사와 뛰놀기 사륜정 만들기 (생각책 038쪽)

 정자 마루

[활동 자료6] 3단원 역사와 뛰놀기 사륜정 만들기 (생각책 038쪽)

정자 덮개

정자 덮개

[활동 자료6] 3단원 역사와 뛰놀기 사륜정 만들기 (생각책 038쪽)

정자 바퀴, 정자 기둥

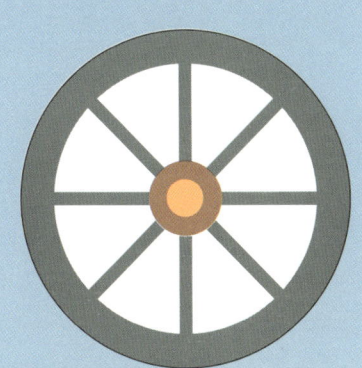
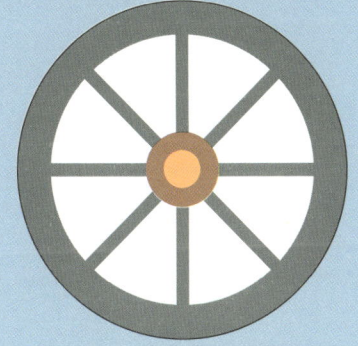
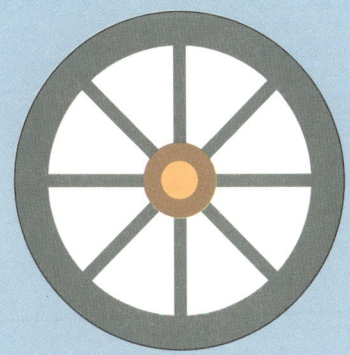

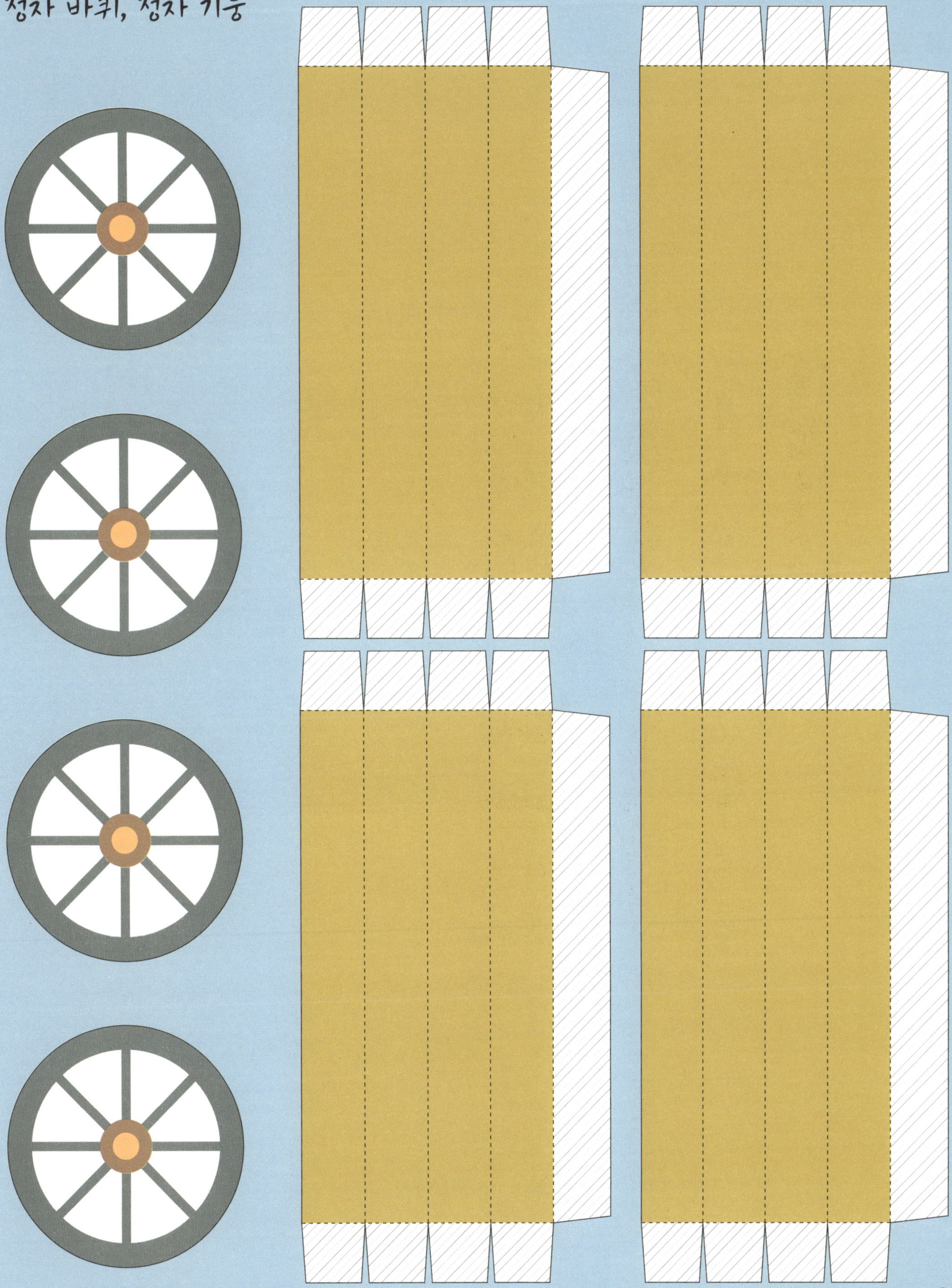

[활동 자료7] 6단원 역사와 뛰놀기 단청 꾸미기 (생각책 068쪽)
단청 문양

[활동 자료8] 10단원 역사와 뛰놀기 스피드 퀴즈하기 (생각책 108쪽)

대몽항쟁 퀴즈 제시어

대몽항쟁 퀴즈 01	대몽항쟁 퀴즈 02	대몽항쟁 퀴즈 03	대몽항쟁 퀴즈 04
몽골	칭기즈칸	최우	강화도
대몽항쟁 퀴즈 05	대몽항쟁 퀴즈 06	대몽항쟁 퀴즈 07	대몽항쟁 퀴즈 08
살리타	처인성	김윤후	환도
대몽항쟁 퀴즈 09	대몽항쟁 퀴즈 10	대몽항쟁 퀴즈 11	대몽항쟁 퀴즈 12
야별초	배중손	왕정복고	삼별초

[활동 자료9] 14단원 역사와 뛰놀기 색종이로 옷감 짜기 (생각책 148쪽)
저고리 본

모양대로 오려 내 주세요.